Utopía

Ciencias humanas
y sociales

Biografías

Tomás Moro (Londres, 1478-1535), político y escritor inglés, llegó a ser uno de los máximos exponentes del humanismo renacentista. En su obra, defiende un modelo ideal de organización social, contrario al militarismo y al desigual reparto de la riqueza. Su obra más conocida es *Utopía*.

Ursula K. Le Guin (Berkley, 1929 - Portland, 2018), fue una de las grandes autoras de las letras norteamericanas. Su amplia obra obtuvo múltiples galardones, entre los que destacan el National Book Award, el American Book Award y numerosos premios como Hugo, Nebula, Jupiter y Locus.

China Miéville (Norwich, 1972), es un escritor inglés de ciencia ficción. Ha ganado numerosos premios por sus obras, entre ellos el Arthur C. Clarke Award (tres veces), el British Fantasy Award (dos veces) y el Locus Award (cuatro veces).

Tomás Moro
Utopía

Con textos de Ursula K. Le Guin
Introducción de China Miéville

Ariel

Obra editada en colaboración con Editorial Planeta – España

Título original: *Utopia*

Bajo el sello editorial BOOKET PAIDÓS M.R.
Avenida Presidente Masarik núm. 111,
Piso 2, Polanco V Sección, Miguel Hidalgo
C.P. 11560, Ciudad de México
www.planetadelibros.com.mx
www.paidos.com.mx

Primera edición impresa en España en esta presentación: octubre de 2024
ISBN: 978-84-344-3796-8

Primera edición impresa en México en Booket Paidós: marzo de 2026
ISBN: 978-607-639-198-3

Impreso en los talleres de Diversidad Gráfica, S.A. de C.V.
Privada de Av. 11 No. 1 Col. El Vergel, Iztapalapa,
C.P. 09890, Ciudad de México
Impreso en México – *Printed in Mexico*

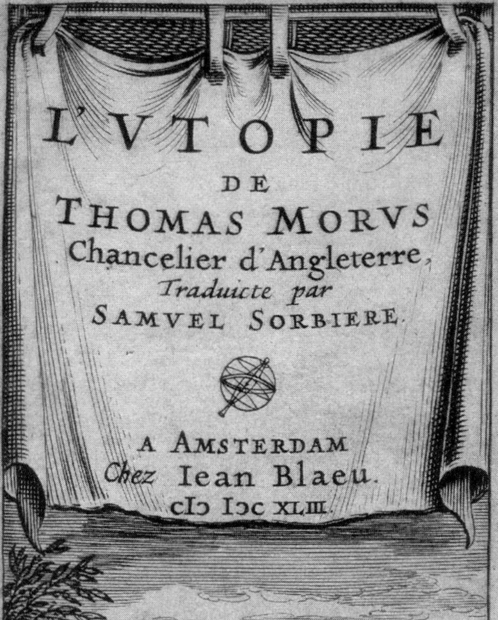
L'VTOPIE
DE
THOMAS MORVS
Chancelier d'Angleterre,
Traduicte par
SAMVEL SORBIERE.
A AMSTERDAM
Chez Iean Blaeu.
cIↃ IↃc XLIII.

Amaurotu vrbs.
Fons Anydri.
Ostium anydri
Hythlodaeus.

a b c d e f g h i k l m n o p q r s t u x y

TETRASTICHON VERNACVLA VTOPIENSIVM LINGVA.

Vtopos ha Boccas peula chama.

polta chamaan

Bargol he maglomi baccan

ſoma gymnoſophaon

Agrama gymnoſophon labarem

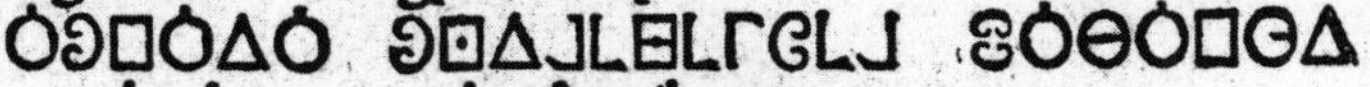

bacha bodamilomin

Voluala barchin heman la

lauoluola dramme pagloni.

HORVM VERSVVM AD VERBVM HAEC EST SENTENTIA.

Vtopus me dux ex non inſula fecit inſulam.
Vna ego terrarum omnium abſq; philoſophia.
Ciuitatem philoſophicam expreſſi mortalibus.
Libenter impartio mea, non grauatim accipio meliora.

Io. Clemens. Hythlodæus. Tho. Morus. Pet. Aegid.

Sumario

PENSAR LA UTOPÍA por Ursula K. Le Guin

Nota del editor

Aún se debate si la utopía es un no-lugar (*u-topos*) o un buen-lugar (*eu-topos*), o un lugar que todavía no es pero debería ser. Tampoco está muy claro si lo que ofrece es un modelo para armar, una sátira de la realidad, una constructiva crítica social o un simple divertimento para la imaginación.

Como sea, el libro de Tomás Moro ha seguido gozando de una más que razonable salud.

Pese a que los detalles —más o menos pintorescos, más o menos prescientes— de la isla han ido perdiéndose en una bruma de densidad variable, el interés por la utopía no ha decaído, como si fuera una pulsión muy humana el imaginar mundos mejores.

A partir del siglo pasado y, dados los traspiés de algunos intentos de transformación social, muchos autores avisaron de que ese esbozo bienintencionado de otro mundo posible sólo puede desembocar, por la propia dinámica de su espléndido aislamiento estático, en su inversión, la distopía. Lo cierto es que la utopía responde a una necesidad: la de decir no. La necesidad —radical, vital— de no sancionar lo dado. La utopía es un contrapoder no en cuanto vende alternativas fijadas de antemano, ni pautas ni hojas de ruta, sino porque subraya las carencias de la sociedad actual y apunta a los males concretos.

Los dos autores que introducen esta edición conmemorativa del V centenario de *Utopía* proponen acercamientos complejos, poco complacientes y menos aún (u)*tópicos* al texto. Las miradas que proyectan Le Guin y Miéville sobre la obra huyen de la nostalgia y buscan, a tientas, no siempre por rutas coincidentes, los elementos que esta pueda ofrecer todavía como herramientas para cambiar el presente, o al menos, para comprenderlo. Los textos han sido redactados a lo largo de varias décadas (entre 1982 y 2015), extraídos de fuentes dispersas (de una entrada de blog a una conferencia en honor a un maestro fallecido) y son de tonos y registros estilísticos aún más diversos (de notas escritas casi a vuela pluma a una ponencia de militante circunspección académica). Y en esa variedad de miradas asoma una riqueza que devuelve su vitalidad a una *Utopía* medio milenaria.

Procedentes ambos del extrarradio —la fantasía y la ciencia ficción— de la corriente principal de la literatura, aunque con una prolífica obra general, miembros de generaciones distintas y con intereses sólo parcialmente solapados, coinciden sin embargo en una conciencia crítica progresista, una formación cultural que produce vértigo —de Lao-Tse a *Dragones y Mazmorras*— y una portentosa fuerza narrativa sólo comparable a su imaginación.

Ursula K. Le Guin (1929-2018) fue una de las matriarcas de las letras norteamericanas, más allá del género, como lo certificó la concesión en 2014 de la Medal for

Distinguished Contribution to American Letters por parte de la National Book Foundation, que vino a sumarse a una lista larga de reconocimientos y galardones. Practicante de una *fantasy-cf* adulta, *literaria*, pionera del subgénero antropológico y, puestos a añadir calificativos, feminista —de primera hora— y radical (con una curiosa mezcla de taoísmo, ecologismo y anarquismo pacifista), de la pluma de Le Guin han salido obras como *Los desposeídos*, *La mano izquierda de la oscuridad*, *El nombre del mundo es bosque* o *El eterno regreso a casa*, de lectura obligada.

China Miéville (1972) es un referente incuestionable de una nueva ciencia ficción de límites genéricos difusos y sus obras casi se cuentan por premios; aunque encasillado al principio en la corriente *New Weird* (inquietante híbrido de horror barroco, ciencia ficción y política), Miéville ha seguido un carrera muy personal. Ha frecuentado otros géneros, aunque sin abandonar el registro fantástico, y se le tiene por un autor de una potencia verbal deslumbrante y subversiva (en todos los sentidos). Obras como *Un Lun Dun* (aunque dirigida a lectores adolescentes), *Embassytown* o *La ciudad y la ciudad* dejan asombrado al lector más escéptico. Miéville crea auténtica adicción.

Desde esas tradiciones diversas —que a veces discurren paralelas y otras se trenzan siquiera fugazmente para separarse de nuevo—, Le Guin y Miéville proponen relecturas comprometidas y estimulantes, entre la rabia ante la injusticia y el deseo de imaginar lo posible porque, como sostiene la primera: «No seremos libres si no imaginamos la libertad. No podemos pedirle que intente conseguir la justicia y la libertad a nadie que no ha tenido la oportunidad de imaginarlas como alcanzables». Y, como apuntilla el segundo: «Necesitamos la utopía, pero intentar pensarla, en este mundo, sin rabia, sin furia, es un lujo que no podemos permitirnos».

Introducción

por China Miéville

Cerca de la costa

Si sabes desde dónde zarpar, y cuentas con la experiencia de un piloto comprensivo, no deberías tardar mucho en llegar a Utopía.

Desde que los primeros seres humanos imaginaron por primera vez un lugar mejor, los soñadores lo han soñado en las cumbres de montañas, acunados en valles ocultos, encima de las nubes y en las profundidades de la tierra... y, sobre todo, en islas. La isla Utopía ha sido una imagen estándar desde la antigüedad. La Panquea de Eusebio de Cesarea y las Islas del Sol de Yambulo; la Isla de Los Pinos de Henry Neville, y la Antangil de la novela del mismo título publicada en 1616; la Bensalem de Francis Bacon; la Nosmnbdsgrutt de Robert Paltock en su obra *Peter Wilkins*; la Pala de Aldous Huxley; la Islandia de Austin Tappan Wright, e incontables más. Y en ese archipiélago de disidencia y esperanza, un nombre se cierne más imponente que los demás.

Esta isla, este libro, es el paradigma. «La *Utopía* de Moro —en palabras del estudioso Roland Greene— tal vez sea el texto que establece la insularidad como una precoz atalaya moderna [y]... presenta una forma de pensar que correctamente es denominada utópica [definida por] un fenómeno múltiple que denomino lógica de la isla.»[1] Pero, insisto, no es un largo viaje. Los ciudadanos de la Utopía de Moro no olvidan «el arte de la navegación», van y vienen dedicados a diversas tareas, comercian con los excedentes de «trigo, miel, lana, maderas, tintes, cera, sebo, cuero y animales vivos... con otras naciones». Sólo un delgadísimo trecho de océano separa Utopía del continente. Para tratarse de una isla que, es bien sabido, no se encuentra, por definición, en ningún sitio, este no-lugar, Utopía, está muy cerca de la costa.

Y esta no es la única sorpresa de esta insularidad.

> ... no estuvo siempre rodeada por el mar. Pero el rey Utopo, cuyo nombre, como el de su conquistador, lleva la isla (pues antes de su reinado se llamaba Abraxa), quien además condujo al pueblo rústico y salvaje a la excelente perfección de todas las buenas costumbres, humanitarismo y civilización en que superan actualmente a todas las gentes del mundo, ya desde su primera llegada y entrada en el país después de obtener su victoria hizo que se cortara y excavara un espacio de veinticuatro kilómetros de terreno elevado por donde el mar no tenía paso. Y así hizo que el mar rodeara por completo la tierra. Puso en este trabajo no

1 Roland Greene, «Island Logic» (2000), en Peter Hulme y William Howard Sherman (eds.), *The Tempest and its Travels*, Reaktion Books (pág. 140).

sólo a los indígenas de la isla sino también (para que ellos no creyeran que se hacía como afrenta y provocación) a todos sus propios soldados. Así, al dividir el trabajo entre tan gran número de trabajadores se llevó a cabo con una rapidez extraordinaria en grado sumo, de tal manera que los pueblos fronterizos que al principio empezaron a bromear y a burlarse de esta vana empresa convirtieron su irrisión en sorpresa y temor ante el éxito.

Por tanto, el más famoso ejemplo de isla utópica, el ideal, no es por naturaleza una isla. Las quince millas de agua que la separan del cuerpo político principal no están ahí por designio divino sino gracias al sudor del pueblo nativo, entre otros, que excava siguiendo las órdenes de un conquistador que lo ha invadido. El esplendoroso aislamiento utópico resulta tan violento como un saqueo imperial.

El clásico ataque reaccionario al impulso utópico es que se trata, precisamente, de un no-lugar, o que se encuentra a una distancia insalvable. Pero, desapercibido y ahí mismo, en el mito fundacional de Moro de esa forma de gobierno de ensueño subyace un desasosiego muy diferente: el de que, forjada por la brutalidad, fruto de la coerción desde el poder, la isla está demasiado cerca.

Difícilmente podría haber nadie más adecuado para contextualizar el mito fundacional de Moro que la gran pensadora utópica disidente y disidente utópica Ursula

Le Guin. Según sostiene en «Utopiyin, Utopiyang», que sigue al texto de Moro en este volumen, «Desde Utopía», al menos, «todas las utopías han sido también, explícita o misteriosamente, de hecho o en potencia, según el criterio del autor o el de los lectores, tanto un buen lugar como un lugar de pesadilla. Cada utopía contiene una distopía, cada distopía contiene un eutopía.»

Estas contradicciones se desarrollan en cabezas individuales con la misma facilidad que entre varias combinadas, y en los textos que generan esas cabezas. Los interminables debates sobre lo que Moro «de verdad» quería decir pasan por alto este detalle tan obvio y por tanto resultan tan útiles como cualquier otra discusión sobre su «propósito» político o artístico que lo trate como algo que viene dado o un secreto que hay que descifrar. Es decir: sirve de algo, pero no de mucho.

¿Es la utopía de Moro el esbozo de una utopía, una sátira u otra cosa? Como si fueran excluyentes. Como si todas las utopías no fueran siempre todo lo anterior, en grados que varían tanto según el contexto de su recepción como el de su creación.

El impulso peligroso, la distopía en la utopía, por tanto, no se encuentra sólo en el impulso en sí, aunque ciertamente puede darse ahí, sino en la realidad: esa proximidad de la isla a la costa. Trágicos que han hecho las paces con el poder, los progresistas advierten ruidosamente contra el utopismo desde abajo (a menudo cargados de sentimentalismo hacia su propio y difunto radicalismo, y llorosos ante su nuevo realismo); a su lado, los derechistas duros y radicales del poder y la opresión sueñan sus propios sueños de la vida buena, las arcadias supremacistas. Y los que gobiernan, más poderosos y tradicionalmente menos locuaces que sus apólogos, configuran y ponen en práctica con calma sus propias utopías, en las que aquellos a los que gobiernan no tienen más opción que vivir, servir y morir.

Estos son algunos de los límites de la utopía, explorados en el ensayo complementario de ese título.

Pero el hecho de que el impulso utópico siempre esté manchado no significa que pueda o deba rechazarse ni que tengamos que predisponernos contra él. Es tan inevitable como el odio, la rabia y la alegría, e igual de necesario. El utopismo no es esperanza, ni, menos aún, optimismo. Es necesidad, y es deseo. De reconocimiento, como todo deseo, y/pese de/a los detalles concretos de sus fantasías y programas, también; y, sobre todo, deseo de mejora social sin más. De alteridad, que es algo distinto de la agotadora mentira social. De descanso. Y cuando las grietas en la historia se abren lo bastante, ese impulso puede incluso abrirlas un poco más.

No podemos pasar sin este libro. Todos somos y hemos sido siempre hijos de Tomás Moro. Incluso sus antecesores literarios no eran más que sus descendientes anticipados, alzándolo, convirtiéndolo en gozne, de manera que su rey, que exigía la construcción de zanjas, diera nombre a los anhelos que le precedieron. El que tengamos que volver al texto, con la suspicacia que sea, ya es honrarlo. Nos da una formulación, un concepto que necesitábamos.

Aunque tal vez ya haya pasado el tiempo de repensar esa palabra.

No sabemos gran cosa de la sociedad que destruyeron los ejércitos de Utopo —tal es la naturaleza del olvido obligado—, pero sí conocemos su nombre. Se menciona en un *en passant* jactancioso y colonial, un *hápax legómenon* —una cita única— desprovisto de gnosticismo: «pues Abraxa era su nombre de pila». Y también conocemos la historia de ese tipo de encuentros; que todo pueblo sometido a la brutalidad, al genocidio o a la esclavitud de la historia ha sido, como los abraxanos, «rústico y salvaje» en los tratados de sus invasores.

Un punto de partida para cualquier utopía habitable debe ser deshacerse de la basura ideológica del imperio y, sin sentimentalismos y con respeto, retornar a las culturas traducidas y calumniadas sobre cuyos huesos se amontonaron los sueños utópicos de algún conquistador. «Utopía» es para la imaginería de la mejora política lo que «Rhodesia» es a Zimbabue, «Costa de Oro» a Ghana.

Así que, ¿cómo podemos emprender el camino hacia la Nueva Abraxa?

«No creo que volvamos a llegar a la utopía avanzando», afirma Le Guin en «Una visión no euclidiana de California como futuro lugar frío». Y por eso sugiere la fórmula que la nación india de los cree *swampy* han utilizado tradicionalmente para orientarse hacia el futuro: «*Usà puyew usu wapiw!*».

Significa: «Retrocedo, miro al frente». Describe al puercoespín, *Erethizon dorsatum*, que retrocede para esconderse en una grieta en la roca, desde donde puede vigilar el peligro que tiene por delante. «Para especular a salvo sobre un futuro habitable —dice Le Guin—, tal vez haríamos bien en buscar una grieta en la roca y retroceder». Y, lejos de hiperbólico, ese adjetivo —*habitable*— no podría parecer más contenido en tanto la degradación social y ecológica del neoliberalismo se acelera, «tal vez haríamos bien en buscar una grieta en la roca y retroceder».

Desde esas rocas, el puercoespín puede tramar sus propias utopías. Y, al menos tan importante, retrocediendo y mirando al frente, puede escapar de las impetuosas utopías de quienes ocupan el poder.

Pero esas utopías de los poderosos han asolado muchos paisajes. Se distinguen por su potencia arrasadora, por los campos de escombros que dejan. ¿Y si recogen todas las rocas y no dejan ninguna para esconderse?

Los andares a la defensiva del puercoespín despiertan un recuerdo. Ese movimiento tiene un equivalente, una inversión lacerante, la embestida de una figura que ha sido desde hace mucho un tópico del pesimismo radical, pero cuya cita interminable (incluyendo en «Los límites de la utopía», más adelante) todavía no puede despojarla de su potencia e importancia.

El ángel de la historia de Benjamin.

> Sus ojos miran fijamente, tiene la boca abierta, las alas desplegadas... Su rostro está vuelto hacia el pasado. Donde nosotros percibimos una sucesión de acontecimientos, él ve una única catástrofe que no deja de amontonar ruina tras ruina y las arroja a sus pies.... Una tormenta... que procede del Paraíso... le empuja irresistiblemente hacia el futuro al que da la espalda, mientras que la pila de escombros ante él crece alzándose hacia el cielo. Esta tormenta es lo que llamamos progreso.

El puercoespín retrocede y mira al frente para ver los futuros: para evitar unos, para planear otro. El ángel avanza y mira hacia atrás, angustiado: lanzándose hacia un futuro que no puede ver, doliéndose de pasados que no puede redimir.

¿En qué sentido nos hacen girar las utopías depredadoras? ¿Es el puercoespín arrancado de su grieta resquebrajada y forzado a precipitarse hacia el futuro en la estela de esas utopías? ¿O se las arregla el ángel para alcanzar las paredes del cañón con las puntas de sus alas desplegadas, agarrarse, darse la vuelta y meterse retorciéndose en un escondite y rechinar los dientes y encarar el telos del viento?

¿Se convertirá el puercoespín en ángel o el ángel en puercoespín?

Una vez más, no se trata de una disyunción exclusiva —o lo uno o lo otro—. La historia de todas las sociedades existentes hasta ahora —se ha dicho ya muchas veces— es una historia de monstruos, de todos los bandos. Nuestro utopismo es una quimera siempre a punto. Angelus erethizon: un puercoespín con alas celestiales; un serafín erizado de púas.

Y como esos otros híbridos que en última instancia derrocan la espantosa utopía que los creó y los despreció, nuestros primos, los hombres-bestia de More(au), deben aprender a moverse con un paso mestizo sin precedentes conocidos. Para utilizar sus miembros y fuerzas de formas torpes pero eficaces. Andando sobre las puntas de las alas como si fueran zancos, agarrándose con los cañones de plumas y las púas, armas más afiladas. Luchando a cuatro patas, a dos, sin patas, y nadando —está cerca de la costa— a Nueva Abraxa.

Se moverá, tal vez, como es posible que podamos, con un nuevo movimiento que no será y será a la vez animal y divino.

Los límites de Utopía

Las distopías infestan los informes oficiales.

El Grupo Intergubernamental de Expertos sobre el Cambio Climático (IPCC, por sus siglas en inglés) exige reducir una tercera parte de nuestras emisiones para evitar la catástrofe absoluta. KPMG, con la plomiza locuacidad de rollo *powerpoint* corporativo, ve el mismo horizonte. La NASA financia en parte un informe que advierte que el desmoronamiento sistémico de la civilización «es difícil de evitar».

Podemos discutir los pormenores de los modelos, pero no que el fin de todo está ahí mismo, para que todo el mundo lo analice.

El hedor y el estruendo de ciudades envenenadas, lúgubres búnkeres subterráneos, paisajes de ceniza... El que todo vaya a peor es la mala conciencia de la pretensión de mejorar, el reproche de las distopías es parte íntegra de la tradición utópica. Anhelamos y avisamos, nuestros mejores sueños y también los peores se confabulan para que no despertemos.

A la mierda, y aquí tenemos una Tierra muerta, caliente, fría, anegada y seca. ¿Lo pillas? Hay vidas enteras que merecen los sueños por venir de Nuevos Edenes, desde los de Le Guin y Piercy y otros innumerables, que se remontan a visiones de lo que, casi hace dos milenios, el padre de la Iglesia Lactancio denominaba, en las *Instituciones divinas*, el «mundo renovado».

> La Tierra dará muestras de su fecundidad, y producirá espontáneamente fertilísimos frutos; las rocas de los montes rezumarán miel, por los arroyos correrá el vino y los ríos inundarán con leche; el propio mundo, por fin, gozará; toda la naturaleza se alegrará al ser arrebatada y librada del dominio del mal, de la impiedad, del crimen y del error.

Y nunca es sólo el mundo lo que está en cuestión; para Lactancio, como para las mejores utopías, también lo está la propia humanidad. El mundo se regocijará porque por fin seremos capaces de habitarlo, liberados del mal y la impiedad, de la culpa y el error con los que lo hemos despellejado. La relación entre la humanidad y lo que ahora llamamos medioambiente se recuperará reconciliada.

Pero un linaje tan excelso no ha impedido que incontables teorías ambientalistas fracasaran, y no sólo en su tentativa de cambiar el mundo, sino simplemente en la de cambiar la agenda sobre cómo cambiar el mundo.

Nosotros, que queremos otra tierra, una tierra mejor, nos sentimos comprensiblemente orgullosos de mantener vivas alternativas en esta, una época que castiga las ideas de cambio. Necesitamos utopías. Eso es casi un presupuesto ineludible del activismo. Si fuera inconcebible una alternativa a este mundo, ¿cómo íbamos a cambiarlo?

Pero la utopía tiene sus límites; la utopía puede ser tóxica.

¿Cuál es el precio de la desesperanza?, es una pregunta que se impone por sí sola, pero ¿y el de la esperanza?

En 1985, el ayuntamiento anunció que construiría una incineradora de basura en el barrio South Central de Los Ángeles, un año después de que la Gestora de Residuos de California pagara medio millón de dólares de los contribuyentes a la asesoría Cerrell Associates por un informe sobre la ubicación de unas instalaciones tóxicas tan controvertidas. El Informe Cerrell es un manual de instrucciones, una lista de comprobación que esboza las cualidades del perfil de personalidad «menos resistente». Vayan a por los menos educados, aconseja. A por los ancianos. «Los barrios de los estratos socioeconómicos medios y más altos —afirma— no deberían quedar dentro de un radio de entre una y cinco millas del emplazamiento propuesto».

Vayan a por los pobres.

El que esa sea la estrategia no resulta sorprendente; que lo admitan hace que se levanten algunas cejas. «¿Sabéis», entran ganas de preguntarles en voz baja, «que podemos oíros?»

Lo cierto es que la comunidad local se resistió, y con éxito. Pero los principales grupos verdes, que a veces se denominan los Diez Grandes —el Sierra Club, Friends of the Earth, el National Resources Defense Council, la Wilderness Society y demás—, rechazaron la petición de unirse a la campaña. Porque, afirmaron, no era un problema medioambiental sino de «salud de la comunidad».

Las falacias de los Grandes Verdes. Empiezas con tanteos heurísticos como *rural versus urbano*, *naturaleza versus lo social*, y fácilmente acabas convertido en cómplice del poder opresor, o en algo peor, cómplice de la injusticia medioambiental, del racismo. Ese utopismo urbanofóbico simplista puede unir a los conservadores más nostálgicos, que buscan solaz en un parque nacional, con los posthippies más extrópicos que van por ahí vendiendo eco-*start-ups*.

Para Lactancio, era Dios el que sanaría una naturaleza rota. La nuestra es una época más secular, o eso parece. Pero no todo el mundo deja a un lado ese mesianismo: algunos lo incorporan en una nueva —y renovadamente vacua— totalidad.

En 1968, Stewart Brand abría el primer *Whole Earth Catalogue* con una imagen del Planeta Azul, la Nave Espacial Tierra, una vaina de supervivencia en la que nos abrazamos unos a otros. Al lado, el texto rezaba: «Nosotros somos como dioses, y podríamos hacerlo bien».

Esta, dice la imagen, es una hermosa totalidad gaiana. Este, dicen las palabras, es el sujeto ecológico: «Nosotros». Una afirmación que lógicamente deja sin respuesta, en el famoso remate del chiste feroz e incómodo, la pregunta del amigo indio —Tonto (o Toro)— al Llanero Solitario: «¿Quién es "nosotros"?».

Enfrentada con la escala de lo que viene, hay una reacción común y funesta, una corrección verde que se condena a sí misma. «Cualquier cosa —sostiene ese argumento— es mejor que nada.» De ahí las soluciones para tentar al mundo de los negocios, y las súplicas por una racionalidad económica de tintes ecológicos. El capitalismo, nos explica Jonathon Porritt, un eminente ambientalista británico, es el único juego que importa en la realidad.

Y el mundo de los negocios se adapta según sus prioridades. Ladren lo que ladren sus mascotas críticas, las empresas petrolíferas tienen, sin excepción, Departamentos para el Cambio Climático, no tanto para luchar contra ese cambio cuanto para planear cómo sacar beneficio de él. Las empresas se extienden por nuevos territorios monetizados. De ahí el breve *boom* de los biocombustibles, esa supuesta solución a los problemas del planeta que lleva a la rápida deforestación y a revueltas por comida, antes de que la industria y el mercado se hundan. Se supone que la mano invisible va a limpiar su propia suciedad con Planes de Comercio de Derechos de Emisión y compensaciones. Las oportunidades e incentivos para turbios acuerdos y cálculos hinchados de partida se multiplican del mismo modo que, inexorablemente, aumentan también las emisiones. Los bonos de carbono de la UE siguen siendo basura. Proliferan los nuevos instrumentos financieros: derivados climáticos que convierten al propio caos del clima en un bien rentable. Los denominados «bonos catástrofe» cambian de manos en cantidades ingentes porque una de las víctimas que menos le importan al capitalismo es la vergüenza.

Los ciudadanos se preocupan por sus propios desperdicios, que deberíamos, obligadamente, minimizar. Pero en el Reino Unido, sólo un diez por ciento de los residuos procede de los hogares. Hay que recordar que el concepto mismo de residuo fue una invención de la industria del embalaje americana, en 1953, como respuesta a una prohibición sobre envases desechables. El velo de la culpa atomizada y privatizada bajo el que se nos anima a trabajar sirve a la deliberada estrategia de confundirnos.

A una escala mayor, las organizaciones verdes más conciliadoras ofuscan el nexo de la degradación ecológica, el capitalismo y el imperialismo en que están atrapadas. En 2013, la Agencia de Protección del Medio Ambiente de EE.UU. entregó su premio, el National Climate Leadership Award, por «enfrentarse al reto del cambio climático con soluciones ahorrativas, prácticas y de sentido común», a Raytheon.

No está claro si a los drones de Raytheon les pondrán marbetes con el símbolo del galardón, de manera que su compromiso con la sostenibilidad pueda centellear como la aleta de un orgulloso pez de colores mientras dejan caer su lluvia mortífera sobre las aldeas afganas.

Al servicio del beneficio, incluso la gestión forestal, supuestamente para contrarrestar las emisiones, puede ser un ejercicio violento. Mucho peor que un simple fracaso, los planes compensatorios de reforestación para la reducción de emisiones respaldados por la ONU, conocidos como REDD, legitiman los monocultivos y ocupan las tierras, en nombre del planeta, para que las grandes corporaciones puedan seguir contaminando. En Uganda, 22.000 agricultores fueron desalojados por los planes autorizados por la ONU de la New Forests Company.

Planes empresariales. En Kenia, el pueblo ogiek se ve amenazado con su expulsión por la fuerza del bosque de Mau, en un proyecto que cuenta también con las bendiciones de la ONU. Y, en caso de que necesitáramos una metáfora poco sutil, el Guaraquecaba Climate Action Project, en Brasil, financiado por Chevron, General Motors y American Electric Power, expulsa al pueblo guaraní de su propio bosque, y para hacerlo emplea guardias armados llamados «Força Verde».

Este es el ambientalismo como desposesión, lo que la Red Ambiental Indígena denomina Colonialismo del Carbono.

Y las acciones de la industria pesada siguen subiendo. El reciente informe del IPCC dejó intactos a los mercados financieros: el valor de esos mercados continúa garantizando reservas de petróleo, carbón y gas y no hace caso a los objetivos internacionales según los cuales la mayor parte de esas reservas no sólo siguen en la tierra, sino que deben permanecer en ella. La burbuja del carbono proclama que la elección es entre una catástrofe climática o una financiera.

O, por descontado, ambas.

Olvídense de cualquier espuria totalidad *humana*: en el puesto de mando hay otra totalidad moderna, muy real y peligrosa, una a la que no ha sabido enfrentarse la mayor parte del ambientalismo. En palabras de Jason Moore: «Wall Street es una forma de organizar la Naturaleza».

El propio término *antropoceno*, que da con una mano, insistiendo en los causantes humanos del cambio ecológico, confunde con su «nosotros» implícito. Después de todo, sea en la deforestación de lo que ahora es Gran Bretaña, la extinción de la megafauna en América del Norte, o cualquier otro de los incontables ejemplos, el *Homo sapiens*, *anthropos*, siempre ha intervenido en su *-ceno*, cuya ecología es constituyente, cambiando el mundo.

Tampoco fue el nacimiento (como si, según muchas versiones, se hubiera producido un milagro) de la industria pesada lo que causó tal alteración que esos efectos, previa y relativamente locales, tuvieron repercusiones planetarias o de cambio de era generando un nuevo término geocronológico, sino que estas se debieron a un cambio en la economía política mediante el cual ella y nosotros somos organizados, un ciclo acelerado de beneficios y acumulación.

Que es la razón por la que Moore, entre otros, insiste en que esta era de catástrofe potencial no es el «antropoceno» sino el «capitaloceno».

Las utopías son necesarias. Pero no sólo resultan insuficientes: pueden, en algunas versiones, formar parte de la ideología del sistema, la totalidad perversa que nos organiza, calienta los cielos y condena a millones de personas a la esclavitud en pedregales de basura.

La utopía de la unidad es una mentira.[2] La justicia ambiental significa reconocer que no hay una tierra como totalidad, ni un «nosotros» sin un *ellos*. Que no todos entramos en esa unidad.

Lo que significa oponerse al hecho de que las multas por los vertidos tóxicos en las zonas mayoritariamente blancas quintupliquen a las que se ponen en zonas donde viven minorías. Significa no sólo proporcionar medios de vida a la gente que sobrevive aguantando desechos en ver-

2 Miéville utiliza el término *togetherness* —«unión», «unidad»— en un sentido explícitamente político, con los matices, irónicos o no, de «solidaridad», «camaradería», etc. *(N. del T.)*

tederos tóxicos, sino ajustar cuentas con el imperialismo de los residuos que los llevó allí, contra el neoliberalismo de la basura por el cual los países pobres compiten entre sí para convertirse en depósitos de inmundicia.

Y significa oponerse abiertamente a la violencia y el poder militar. En 2012 fueron asesinados el triple de activistas ambientales y defensores del derecho a la tierra que una década antes. La justicia ambiental significa penalizar a la Shell no sólo por haber convertido la región de Ogoniland, en Nigeria, en un sumidero alucinatorio, un paisaje propio de un Ragnarök petroquímico, sino por armar al Estado nigeriano a lo largo de los años, durante y después del gobierno de Sani Abacha.

Tráfico de armas, dictaduras y asesinato son políticas ambientales.

Los que machacan no dependen de la aquiescencia sino de la debilidad de aquellos contra quienes luchan. El Informe Cerrell es claro: «Todos los grupos socioeconómicos tienden a oponerse a la ubicación en sus cercanías de instalaciones importantes, pero los estratos socioeconómicos medio y alto poseen mejores recursos para plantear de hecho su oposición».

Por eso deben ir a por los pobres, ellos son el objetivo, en otras palabras, no porque no vayan a luchar, sino porque, siendo pobres, no ganarán. La lucha por la justicia ambiental es la lucha por demostrar que eso no es cierto.

Así que empecemos con la no-totalidad del «nosotros». A partir de ahí no sólo podemos ver la tarea que tenemos por delante, sino que podemos volver a nuestras utopías, para mejor honrar a las mejores.

Esos ríos de leche y vino pueden dejar de ser excedentes. Esos anhelos no tienen nada de estúpidos: son destellos trémulos en ojos fijos en la libertad humana, un salto que nos distancia de la necesidad. Lejos de ser simplemente disparatados, son aspectos de una utopía razonable que incorpora la economía política, un anhelo en nombre de aquellos que se esfuerzan por salir adelante careciendo de poder. En la utopía campesina medieval de La Cucaña llueve queso. Charles Fourier imaginó que los mares se convertían en limonada. La canción *Big Rock Candy Mountain* [modernización folk del mito de La Cucaña]. Se trata de sueños de una vida que no está al alcance de los soñadores, de la reducción del trabajo, de un mundo que dejará descansar a la humanidad exhausta.

Podemos prescindir de la mayoría de las críticas banales a la utopía. Que es un proyecto poco convincente, como si tuviera que serlo. Que es monótona, aburrida, anónima e incolora y siempre igual. La calumnia de que la aspiración visionaria de mejorar las cosas siempre las empeora. Esos embustes ayudan a la inmovilidad.

Hay críticas posibles más afiladas, por el bien de nuestras propias utopías y de las intervenciones cotidianas, sin las que corren el peligro de convertirse —y esto, de por sí, ya es una de esas críticas— en válvulas para soltar presión.

Para empezar, la utopía nunca ha sido el coto vedado de quienes se aferran a la liberación. Los colonizadores y los expropiadores han afirmado durante siglos su buen sentido ambiental frente a la holgazanería de los irresponsables nativos, al darse cuenta del potencial de una tierra falsamente presentada como vacía, al hacer que los supuestos desiertos supuestamente florezcan. La ecotopía ha justificado la colonización y el imperio desde mucho antes de los planes REDD de la ONU. Ha justificado el asesinato.

Hay una visión del mundo como un jardín amenazado. Asfixiado por un crecimiento tóxico. La jardinería como guerra. Y la tarea consistiría en «eliminar implacablemente las malas hierbas que privarían a las mejores plantes de sus nutrientes, del aire, la luz, el sol».

Aquí las mejores plantas son los arios. Las malas hierbas son los judíos.

El *SS-Obergruppenfuhrer* y *Reichsminister* de Agricultura en el Tercer Reich, Walter Darré mezcló ciencias de la tierra, nostalgia, kitsch pagano, imperialismo, mística agraria y odio racial en una visión de renovación verde y gestión de la tierra basada en el genocidio. Fue el teórico más potente de *Blut und Boden*, «Sangre y Tierra», una ecotopía nazi de granjas orgánicas y bosques nórdicos repoblados, protegidos por el soldado-campesino de sangre pura.

Puede que el árbol no creciera como Darré esperaba, pero sus raíces no murieron. Una gran variedad de grupos fascistas en todo el mundo siguen proclamando su lealtad a la renovación ecológica, el mundo verde, y se movilizan ostentosamente contra el cambio climático, la contaminación y el expolio, declarándose contra esos venenos al servicio de otro veneno, la lógica de raza.

Por descontado, los apólogos reaccionarios de La Gran Contaminación difaman por costumbre a los activistas ecologistas como fascistas. Eso no significa que los comprometidos en el activismo no tengan que ser implacables en la denuncia de cualquier solapamiento real, más bien todo lo contrario.

Pueden encontrarse elementos de una mala utopía eliminacionista mucho más extendida que en la extrema derecha consciente de sí. Huellas de pensamiento ecológico aparecen envueltas en una utopía nebulosa, sentimentalizada y espiritualista, a la que la ecofeminista Chaia Heller denomina «Eco-la-la». Cruzada con un malthusianismo descarnado, en la variante combativa denominada *ecología profunda*, la afectada delicadeza cursi de esa visión puede transformarse en brutalidad, y según esta variante el problema radica en la sobrepoblación, en la propia humanidad. En su vertiente más alegremente excéntrica está el Voluntary Human Extinction Movement, que defiende el fin de la reproducción; en su vertiente más perversa podemos leer los pronunciamientos de David Foreman de Earth First!, al enfrentarse a la hambruna en Etiopía en 1984: «Lo peor que podíamos hacer en Etiopía era dar ayuda; lo mejor sería dejar que la naturaleza busque su propio equilibrio, dejar simplemente que la gente que vive allí se muera de hambre».

Esa es una eutopía ecológica de muerte en masa. También podríamos llamarla apocalipsis.

Apocalipsis y utopía: el final de todo, y el horizonte de esperanza. Lejos de encontrarse en las antípodas, esos dos términos han sido siempre inextricables.

A veces, como en Lactancio, la relación imaginada es cronológica, incluso de causa y efecto. Uno, el apocalipsis, al desgarrar el velo del final de los tiempos, allana el camino para la otra, el tiempo más allá, el nuevo principio.

Pero algo ha pasado, ahora están más estrechamente imbricados que nunca. «Hoy —anuncia el sombrío y siniestro filósofo Emile Cioran—, reconciliados con lo terrible, presenciamos una contaminación de la utopía por el apocalipsis... Los dos géneros... que en el pasado tan diferentes nos parecían, se interpenetran, se frotan, para formar un tercero.» Tal reconciliación con lo terrible, tal interpenetración, es vívida en esos anhelos de la Ecología Profunda de un mundo desolado y asolado, sin humanos. La plaga se ha convertido en el sueño.

No se trata del todo de una distopía, sino de una tercera forma —apocatopía, utopalipsis— y la tenemos ya por todas partes. Nos rodea una cultura de la ruina, sueños de ciudades que se desmoronan, un mundo sin humanos en el que los animales exploran a sus anchas. Conocemos esos clichés. Las enredaderas se adueñan de Wall Street como si les perteneciera, en lugar de al contrario; inmensidades de basura, dunas de porquería; los restos de un gran puente del pasado apenas reconocible y destrozado sobresaliendo de las aguas, como un magnífico trampolín, hacia el vacío. Etcétera.

Es como si todavía anheláramos ver algo mejor y más allá de los escombros, pero careciéramos de la fuerza. O como si hubiera un esfuerzo coordinado para afirmar de nuevo el «nosotros», aunque negativamente: «nosotros» somos el problema y por tanto *nuestra* ausencia es una solución sublime. La melancolía es poco sincera. Hay entusiasmo, una inversión no declarada en esos supuestos avisos, en esas catástrofes. Esos propagandistas del apocalipsis no engañan a nadie. Desde mucho antes de que Shelley imaginara el día en que «La abadía de Westminster se alzará, como ruinas informes y sin nombre, en medio de una ciénaga despoblada», estas han sido imágenes de belleza.

Todos hemos revisado, boquiabiertos, las imágenes de la zona de Chernobil, de la isla desierta japonesa de Gunkanjima, de las ruinas de Detroit, a través de las listas *clickbait*, los cebos de clics, de los Diez Lugares Abandonados del Mundo más Espeluznantes. Eso no debería hacernos sentir culpables. Nuestro espanto ante las tragedias y los crímenes que hay tras algunas de esas imágenes es auténtico: más que borrarlo, coexiste con nuestro pasmo. Nosotros no elegimos qué es lo que nos deja sin respiración. Ni tampoco las imágenes que nos cautivan nos llevan a una reductora lectura política concreta. Pero, ciertamente, la belleza amoral de nuestras apocatopías puede entrelazarse con algo brutal y maléfico, una repugnancia eliminacionista.

No podemos dejar de leer una cuestión cultural tan exageradamente sintomática con una mirada diagnóstica. ¿Qué otra cosa podemos hacer con el diluvio de películas de diluvios, con el amontonamiento, como escombros bajo el ángel de la historia de Benjamin, de textos sobre el amontonamiento de escombros?

Los síntomas mutan con el mundo. Una golondrina, con un presupuesto todo lo alto que se quiera, no hace verano, pero tampoco hace falta ser Žižek para diagnosticar un desplazamiento cultural cuando, en *Pacific Rim*, la película de Guillermo del Toro, Idris Elba grita: «Hoy estamos suspendiendo el apocalipsis». Tal vez ya estemos hartos del final, y con esas palabras entramos en un tipo diferente de secuelas: el apocalipsis fracasado. Aquí estamos, de vuelta, con renovada y potente esperanza.

Un cambio similar también es visible en el ascenso de la geoingeniería, ideas que antes estaban circunscritas a las novelitas de kiosco y las cavilaciones de excéntricos. Ahora, hay planes para rociar ácido en la estratosfera para convertir las moléculas en espejos de manera que reflejen la radiación, para limpiar el CO^2 de la atmósfera, subir aguas bénticas para enfriar los océanos, planes redactados por premios Nobel, analizados en el *New Yorker* y la *MIT Technology Review*. Una nueva esperanza, un nuevo y dinámico «sí se puede», el regreso de la intervención humana, todos arremangados, arreglando el problema. Con *Science*.

Sin embargo, esta intervención en el planeta no pasa de especulativa, polémica y —según un reciente estudio del Centro Helmoltz de Alemania—, aun en las proyecciones más generosas posibles, absolutamente incapaz de detener el caos climático. Es, según cualquier criterio mínimamente razonable, absurdo que esos planes parezcan más racionales que poner en práctica las medidas sociales necesarias para atajar las emisiones, medidas que son totalmente posibles *ahora* mismo, pero que requerirían una transformación de nuestro sistema político.

Es un tópico de la izquierda afirmar que estos tiempos es más fácil imaginar el fin del mundo que el fin del capitalismo. Andreas Malm señala que, con el tropo de la geoingeniería, es más fácil imaginar la transformación deliberada de todo el planeta que la de nuestra economía política. Lo que al principio parece un nuevo ejercicio prometeico es más bien una capitulación, una rendición ante el statu quo. La utopía sirve aquí de exoneración al poder bien arraigado, cuyas líneas rojas no pueden cruzarse. Ciertamente, la planteábamos antes, ¿cuál es el precio de la esperanza?

Al setenta por ciento del personal de la fábrica de la Union Carbide en Bhopal, India, que funcionaba a medio gas, se le había descontado parte del sueldo por negarse a incumplir las normas de seguridad. La dotación de personal era inadecuada, las lecturas se tomaban con la mitad de la frecuencia que se suponía. Ninguno de los seis sistemas de seguridad funcionaba como debería, si es que funcionaban en absoluto. El sindicato se había quejado y no le habían hecho caso.

El 3 de diciembre de 1984 hubo una fuga de veintisiete toneladas de isocianato de metilo de la fábrica. Entre 8.000 y 10.000 personas murieron esa noche. Otras 25.000 han muerto desde entonces. Medio millón sufrieron daños, de las cuales en unos 70.000 casos fueron permanentes y horrorosos. La tasa de defectos de nacimiento en la zona es elevadísima. Las aguas subterráneas contienen todavía toxinas muy por encima de los niveles de seguridad admisibles.

Al principio, el gobierno indio exigió 3.300 millones de dólares como compensación, y la Union Carbide se gastó 50 millones en oponerse. Finalmente, en 1989, la empresa aceptó un acuerdo sin llegar a juicio por 470 millones, un 15 por ciento de la suma inicial. Los supervivientes recibieron, como compensación de por vida, entre 300 y 500 dólares cada uno. En palabras de Kathy Hunt, encargada de relaciones públicas de Dow-Carbide, en 2002, «500 dólares están muy bien para un indio».

¿Por qué volver sobre estos terribles y conocidos hechos? No sólo porque, como es bien sabido, Warren Anderson, ex consejero delegado de Carbide, nunca ha sido extraditado para enfrentarse a la justicia india, pese a que se emitió una orden de detención. Tampoco porque Carbide, y Dow Chemicals, que compró la primera en 2001, rechacen toda responsabilidad y se nieguen a limpiar la zona o a responder a las convocatorias de los tribunales indios. Hay otra razón.

En 1989, el *Wall Street Journal* informaba de que los ejecutivos estadounidenses estaban sumamente angustiados ante esa primera gran prueba a la responsabilidad de una gran empresa de EE.UU. por un accidente en el mundo en desarrollo. Finalmente, en octubre de 1991, llegó el momento clave de esta discusión: el Tribunal Supremo de India ratificó la legalidad de la oferta de Carbide y desestimó todas las demandas pendientes contra ella, con lo que, de hecho, cubría legalmente a la empresa. Inmediatamente, el precio de las acciones de esta se disparó. Porque Wall Street sabía que sus prioridades habían prevalecido. Que estaba a salvo.

Una interpretación en el mundo real del apocalipsis y la utopía. Apocalipsis para aquellos miles de personas que se ahogaron en sus propios pulmones. ¿Y para las corporaciones, ahora que contaban con la seguridad de que los pobres, al contrario que los beneficios, eran de hecho prescindibles? Una utopía cotidiana.

Esta es otra de las limitaciones de la utopía: *vivimos* en ella, lo que pasa es que no es la nuestra.

Así que también vivimos en el apocalipsis.

Tierra: por determinar. ¿Utopía? ¿Apocalipsis? ¿Es peor albergar esperanzas que desesperar? A la última pregunta sólo puede dársele una respuesta: sí. Es peor albergar esperanzas que desesperar.

Las malas esperanzas y la mala desesperación van juntas. El capitalismo te hace ir o venir, según. «Nosotros» podemos arreglar el problema que «nosotros» hemos creado. Y cuando «nosotros», los geoingenieros, fracasamos, «nosotros» podemos sobrevivir, susurran «nuestras» malas conciencias de *survivalistas*, y los previsores paranoicos acaparan latas de judías.

¿Hay un optimismo mejor? ¿Y una manera apropiada de perder la esperanza? Depende de quién sea el que tiene esperanzas... y contra quién. Tenemos que aprender a albergar una esperanza a dentelladas.

No nos dejaremos intimidar por las exigencias de nuestras propuestas burocratizadas. En realidad, no hay escasez de modelos que considerar, pero la crítica radical del día a día se plantea incluso en ausencia de una alternativa. Podemos ir más allá: si nos tomamos la utopía en serio, como una reorganización total, su escala implica que no podamos pensarla desde este lado. Es el proceso de intentar realizarla lo que nos permitirá pensarla. Es la lealtad utópica la que apuntala nuestro rechazo a explicarla, o a pergeñar cualquier hoja de ruta.

Deberíamos probar la utopía con todas nuestras fuerzas. Junto con una humanidad realizada, tendríamos que imaginar islas voladoras, barrios de coral que se autorregeneran, coches fotosintéticos creados a partir de médula ósea bioempalmada, Montañas de caramelo. Porque nunca confundiremos esos sueños con esbozos de proyectos, ni los tomaremos por simples delirios.

Lo que son las utopías son nuevos Rorschachs. Sacamos nuestras preocupaciones e ideas, y luego al soñar plegamos el papel para desplegarlo de nuevo y revelar pautas asombrosas. Podemos sacarlas con cierto grado de intención, pero lo que hacemos queda fuera de una planificación precisa. Nuestras utopías tienen que ser disfrutadas y admiradas, son para eso; están hechas de nuestras preocupaciones y nos hablan de nuestro ahora, de nuestros yos preutópicos. Tienen que ser interpretadas. Y otro tanto las de nuestros enemigos.

Entender a qué nos enfrentamos requiere que lo respetemos. La Tierra no está siendo abrasada porque los expoliadores sean estúpidos o irracionales o estén equivocándose o carezcan de datos suficientes. Debemos defendernos tan urgentemente como podamos, y ganar los debates, pero no deberíamos engañarnos: sean cuales sean las apariencias, la culpa o las lágrimas ocasionales de un consejero delegado, en un mundo que maximiza los beneficios es *racional* para las instituciones de nuestro statu quo hacer lo que hacen. Los individuos e incluso a veces algunas organizaciones pueden resistirse en casos concretos, pero sólo rechazando la lógica de ese sistema. Algo que el propio sistema, obviamente, no puede hacer.

La lucha por la justicia ecológica implica una lucha contra ese sistema, porque la injusticia genera un beneficio inmenso. Esta batalla no se librará siempre sobre el cambio climático catastrófico o las expropiaciones de tierra: en el neoliberalismo, incluso las luchas locales durante los fugaces momentos de vida municipal verde son en última instancia luchas contra el poder. Las protestas que hicieron temblar al Estado turco en 2013 se desencadenaron a partir de un plan del gobierno para edificar en el Parque Gezi, uno de los últimos espacios verdes de la ciudad.

Más que pregonar la unidad, luchamos mejor asumiendo nuestra no-unidad. El hecho de que hay bandos. Como es bien sabido, nos aproximamos a un punto de inflexión. En lugar de esperar la cohesión, nuestra mayor esperanza radica en el conflicto. Nuestro objetivo, un elemento más de nuestro utopismo, debería ser esta estrategia de la tensión.

Hay un mal pesimismo como hay un optimismo malo. Contra la rendición propia de un arisco cascarrabias de, pongamos, James Lovegrove, hay contundentes razones científicas que sugieren que todavía no hemos llegado —no del todo— a un punto en el que no haya vuelta atrás. Necesitamos el cambio en un punto de inflexión distinto, en el irrevocable cambio *social*, y eso requiere un pesimismo distinto, una mirada impávida a lo mal que están las cosas.

El pesimismo goza de mala fama entre los activistas, aterrados ante la rendición. Pero un activismo sin el pesimismo que debe ser fruto del rigor es sólo sentimentalismo.

Hay esperanza. Pero, para que sea real e incisiva, templada como un arma, no podemos limitarnos a que nos llegue por defecto. Tenemos que ponerla a prueba, someterla a la tensión de la debida casi-desesperación. Necesitamos la utopía, pero intentar pensarla, en este mundo, sin rabia, sin furia, es un lujo que no podemos permitirnos. Ante lo que se ha hecho, no podemos pensar la utopía sin odio.

Incluso nuestros finales del mundo son demasiado liberales. Pongamos fin a este apocalipsis en una nación. Aquí está en su lugar la utopía antinómica. Una esperanza que rechaza la esperanza de los que ocupan el poder.

Son los supuestamente sensatos críticos los más profundamente irrealistas. Como dice Joel Kovel, «podemos conseguir la acumulación de capital, y podemos conseguir la integridad ecológica, pero no podemos tener ambas a la vez y juntas». Creer otra cosa sería pintoresco si no fuera tan peligroso.

En 2003, William Stavropoulos, el consejero delegado de Dow —que no tiene, recuerden, ninguna responsabilidad sobre la Bhopal mutilada químicamente—, afirmaba en un comunicado de prensa: «Ser responsable con el medio ambiente es bueno para la lógica de los negocios».

Y eso, en el sentido peyorativo, es la utopía más absurda de todas.

UTOPÍA

por Tomás Moro

Obra provechosa, agradable

e ingeniosa sobre la mejor organización de una república y sobre la nueva isla llamada Utopía. Escrita en latín por el muy ilustre y famoso sir Tomás Moro, caballero, y traducida al inglés por Ralph Robynson, ex miembro del Corpus Christi College de Oxford, y ahora en esta segunda edición nuevamente revisada y corregida por él y aumentada además con diversas notas al margen.

Tomás Moro a Peter Giles[1]
manda saludos

Casi me avergüenza, muy bienamado Peter Giles, enviarte, después de casi el curso de un año, este libro sobre la república de Utopía, que estoy seguro esperabas en un mes y medio. Y no es extraño, pues sabías muy bien que yo me hallaba exento de todo el trabajo y estudio relacionado con la invención de esta obra, y que no tenía necesidad alguna de preocuparme acerca de la disposición u ordenamiento de materiales, y por tanto no tenía que hacer más que narrar las cosas que juntos tú y yo oímos decir y manifestar a maese Rafael.[2] En consecuencia, no había motivo para que yo estudiara la manera de exponer el tema con elocuencia puesto que su discurso no podía ser elaborado ni elocuente; primero, por no ser estudiado sino espontá-

1 Peter Giles, Aegidius en el texto latino (1486-1533), editó diversos libros, entre ellos las *Fábulas* de Esopo. Conoció a Moro a través de Erasmo. Fue conocido en España a partir de la castellanización del nombre latino [Pedro Egidio]. Lo mismo pasó con Moro, castellanización del nombre latino Morus, a su vez latinización del nombre inglés. He respetado los nombres según la traducción de Robynson, más de acuerdo con el original.

2 Rafael Hythloday. El apellido se hace derivar de ὕθλος, sin sentido, absurdo y δάϊος, «experto». Experto en sinsentidos. Alguna otra interpretación hace derivar el segundo elemento de δαίομαι con lo que el conjunto significaría «visionario». Rafael, tal vez por el ángel de Tobías que le guió a Rages, ciudad meda, como aquél a Utopía. El hecho de considerarle portugués es fruto de los descubrimientos y por otra parte, la factoría portuguesa tenía la sede en Amberes, lo que haría lógica la estancia de Rafael allí.

neo e impremeditado, y después, por ser, como sabes, de un hombre más versado en griego que en la lengua latina. Y mi escrito, cuanto más se aproximara a su expresión familiarmente llana y sencilla, más se acercaría a la verdad, que es la única meta hacia la que, como debo, dirijo todo mi trabajo y estudio presentes. Reconozco y confieso, amigo Peter, que, aligerado de tal labor al tener en mis manos todos estos materiales a punto, apenas me quedaba nada que hacer. De otro modo, la invención o la disposición de esta materia hubiera requerido de un ingenio en ningún modo ínfimo ni ignorante, tiempo y oportunidad, aparte de cierto estudio. Pero si hubiera sido indispensable y necesario que el tema fuera escrito con elocuencia además de con veracidad, no cabe duda de que yo no hubiera podido, por falta de tiempo y erudición, realizar la tarea. Pero al ver que todos esos cuidados, demoras e impedimentos en los que hubiera debido emplear tanto trabajo y estudio estaban resueltos, y no me quedaba más que escribir sencillamente el tema tal como lo había oído, era realmente una cosa ligera y fácil de hacer. Sin embargo mis restantes cuidados y preocupaciones me ponían impedimentos y no me dejaban tiempo libre para resolver este mínimo asunto. Ora dedico mi tiempo a los asuntos legales, en unos como defensor, en otros como auditor, en otros como árbitro que decida la reparación, en otros como perito o juez para decidir la sentencia final; ora voy a ver y visitar a mis amigos, o bien me ocupo de mis asuntos privados; ora paso todo el día fuera con los otros, y el resto en casa con los míos, y así no me queda para mí, es decir para mi libro, nada de tiempo. Porque cuando llego a casa debo reunirme con mi mujer, charlar con mis hijos y hablar con mis criados. Cosas todas ellas que considero y cuento como trabajo por cuanto se han de hacer necesariamente y es preciso que se hagan a menos que uno quiera ser un extraño en su propia casa. Y cualquier hombre prudente debe acomodar y ordenar sus circunstancias, y comprometerse y disponerse de manera que se muestre alegre, feliz y agradable con aquellos a quienes la naturaleza ha designado o el azar ha convertido o él mismo ha elegido para ser miembros y compañeros de su vida, siempre que no les estropee con excesiva amabilidad y familiaridad ni convierta a los criados en amos por exceso de indulgencia. Entre tales cosas aquí repasadas transcurren los días, los meses, los años. Entonces, ¿cuándo escribo? Y en todo este tiempo no he dicho ni palabra del sueño, ni de la comida, que a muchos no consume menos tiempo que el sueño, y en esto transcurre casi la mitad de la vida del hombre. Y de ahí que consiga tener únicamente el tiempo que robo al sueño y a la comida. Tiempo que si bien es muy corto, algo es algo, y así, aunque iba despacio al principio, al final he terminado *Utopía* y te la he enviado, amigo Peter, para que la leas y revises; de modo que, si alguna cosa se me ha escapado, puedas recordármelo. Porque aunque a ese respecto no desconfío grandemente de mí mismo (Dios quisiera que yo tuviera en ingenio y conocimiento lo que en memoria, que no está nada mal ni es de las más embotadas) no tengo tanta fe ni confianza en ella que piense que nada pueda írseme de la cabeza. Pues mi pupilo John Clement,[3] quien, como sabes, se hallaba allí presente con nosotros, y a quien no permito que esté fuera de ninguna conversación que pueda serle de algún provecho o beneficio (puesto que de esta semilla recién salida y verdeante que ya ha empezado a brotar en conocimientos de latín y griego, espero al final abundante cosecha de buen grano maduro), él, como digo, me ha puesto en gran duda. Porque mientras Hythloday (a menos que mi memoria me falle) dijo que el puente de Amaurota, que atraviesa el río Anhidro, es de quinientos pasos, es decir, media milla de longitud, mi pupilo John dice que se le han de restar doscientos pasos pues allí el río no tiene más de trescientos pasos de anchura. Te ruego encarecidamente que trates de recordar el asunto. Si tú estás de acuerdo con él, diré lo que tú digas y confesaré haberme equivocado. Pero si no te acuerdas del detalle, entonces tranquilamente escribiré tal como ya he hecho y tal como me dicta mi propia memoria. Pues como tengo empeño en que no haya en mi libro nada falso, si hay alguna cosa dudosa, prefiero poner un error que mentir a propósito ya que prefiero ser honesto que artificioso. De todos modos puede remediarse fácilmente este asunto si quieres tomarte la molestia de preguntárselo a Rafael mismo, de palabra, si ahora está contigo, o bien por carta, lo cual tienes que hacer también a causa de otra duda que ha surgido, no puedo decir por culpa de quién, si de mí, de ti o de Rafael. Pues ninguno de

3 Tutor de los hijos de Moro con cuya hija adoptiva se casó. Fue coeditor de la 1.ª ed. griega de Galeno (1525) y médico de Enrique VIII (1528).

nosotros nos acordamos de preguntarle ni él de decirnos en qué parte del Nuevo Mundo está situada Utopía. Hubiera preferido pagar una suma considerable de dinero por ese detalle a que nos hubiera pasado por alto así; también porque me avergüenza ignorar en qué mar se encuentra aquella isla de la cual escribo un tan largo tratado, y además porque hay entre nosotros algunos hombres, y especialmente un varón bueno y virtuoso, doctor en Teología, sumamente deseoso de ir a Utopía: no por un vano y curioso deseo de ver novedades, sino con el intento de fomentar y extender nuestra religión, ya iniciada allí tan felizmente. Y para que pueda cumplir mejor y llevar a cabo esta buena intención suya, está decidido a que el sumo pontífice le envíe hacia allá y le nombre obispo de Utopía, sin que tenga ningún escrúpulo en obtener este obispado con su solicitud por cuanto la considera una solicitud piadosa que procede no de deseo de honores o lucro, sino únicamente de santo celo. Por esto deseo muy encarecidamente que tú, amigo Peter, hables con Hythloday, si puedes, personalmente o bien escribiéndole cartas, y trabajes el asunto de modo que en este libro mío no se pueda encontrar ninguna cosa falsa ni se eche de menos ninguna cosa verdadera. Y ciertamente pienso que será mejor que le enseñes el mismo libro pues si he fallado o equivocado en algún punto, o si se me ha escapado alguna falta, no hay hombre capaz de corregirlo y enmendarlo como él, y no puede hacerlo a menos que repase y lea el libro que he escrito. Además, de esa manera te darás cuenta de si está bien dispuesto y contento de que haya emprendido la composición de este libro. Porque si él hubiera pensado publicar y dar a conocer sus propios trabajos y viajes, tal vez estaría molesto, y también lo estaría yo, de que al publicar la organización política de Utopía, le impidiera y escamoteara la flor y gracia de la novedad de su historia. Si bien, a decir verdad, no estoy aún completamente decidido sobre si publicaré mi libro o no. Porque la naturaleza de los hombres es tan diversa, las imaginaciones de algunos tan caprichosas, sus mentes tan reacias, sus juicios tan corrompidos, que los que llevan una vida alegre y despreocupada siguiendo sus propios placeres sensuales y deseos carnales puede parecer que se encuentran en un caso o estado mucho mejor que los que se molestan e inquietan con cuidados y estudio para dar a conocer y publicar alguna cosa que pueda ser de provecho o placer para los demás y que los demás, por otra parte, igualmente aceptarán desdeñosa, burlona y desconsideradamente. La mayor parte son unos ignorantes. Y un gran número rehúyen con desprecio el saber. El zafio y bárbaro no acepta más que lo que es auténticamente bárbaro. Si se trata de uno que posee un pequeño atisbo de estudio, rechaza como trastos caseros y lugares comunes lo que no está repleto de términos viejos y apolillados y desusados. Algunos hay que sólo encuentran placer en antiguallas enmohecidas.[4] Y algunos sólo en sus propias acciones. Uno es tan agrio, áspero y desabrido que no deja lugar para la alegría ni el juego. Otro es tan estrecho

4 Referencia a la antigua polémica de los antiguos y los modernos.

de mollera que no soporta chistes ni chanzas. Algunos son pobres ánimas benditas, tan pusilánimes que cualquier palabra mordiente les hincha las narices,[5] que no sienten menos miedo de una palabra viva y aguda que aquel a quien ha mordido un perro rabioso teme al agua. Algunos son tan mudables y volubles que a cada hora cambian de pensamiento, diciendo una cosa cuando están sentados y otra cuando están de pie. Los hay de otro tipo, que se sientan en los bancos de las cervecerías y allí, entre vaso y vaso, juzgan el ingenio de los escritores y condenan con gran autoridad todo lo que les place, a cada escritor por sus escritos, de la manera más malévola, burlándose de ellos, zahiriéndoles y despreciándoles mientras a la sazón se hallan seguros y, como dice la expresión, a cubierto de tiro. Pues ¡cómo! son tan mondos y lirondos que no tienen ni un pelo de hombre honrado por donde cogerlos. Hay además algunos tan desagradecidos y desconsiderados que aunque reciban gran placer y deleite con el libro, a pesar de todo no pueden encontrar en su corazón un poco de amor por su autor ni dedicarle una buena palabra, pareciéndose mucho a los invitados descorteses, desagradecidos y groseros que cuando han llenado sus panzas con manjares buenos y delicados se van a casa sin dar las gracias al anfitrión. Ve y organiza una costosa fiesta a tus expensas para invita-

5 El *nasus* es concebido como el órgano que expresa ira o desprecio. Las personas sin sentido del humor eran descritos como *simi*, «de nariz roma». El sentido de la traducción inglesa es que cualquier broma les deja sin nariz, *se la hincha*, en mi traducción aproximada.

dos de paladar tan fino, tan diversos en gustos y además de temperamentos tan inconsiderados y desagradecidos. Pero con todo, amigo Peter, haz, te lo ruego, con Hythloday como te he pedido antes. Y en lo tocante al tema, después estaré en libertad de reconsiderarlo. Sin embargo, viendo que me he tomado la molestia y el trabajo de escribir sobre el tema, si puede conciliarse con su opinión y agrado, en lo concerniente a la edición o publicación del libro seguiré los consejos y advertencias de mis amigos y especialmente los tuyos. Así pues, que lo pases bien, mi muy cordialmente querido amigo Peter, con tu gentil esposa,[6] y quiéreme como siempre has hecho pues yo te aprecio más que nunca.

6 Se refiere a su segunda esposa, Cornelia Sandra, con quien Giles se había casado en 1514.

Libro primero de La relación de Rafael Hythloday

Referente al mejor estado de una república

El muy victorioso y triunfante rey de Inglaterra Enrique, octavo de este nombre, príncipe sin igual en todas las virtudes regias, tuvo últimamente una controversia[7] con Carlos, el muy alto y poderoso rey de Castilla, sobre asuntos de peso y de gran importancia. Para su debate y decisión final, Su Real Majestad me envió como embajador a Flandes, acompañando en la comisión a Cuthbert Tunstall,[8] hombre incomparable sin lugar a dudas y a quien Su Real Majestad, con gran alegría de todos, había designado recientemente para el cargo de Maestre de los Rollos.[9]

Pero no diré las alabanzas de este hombre, no porque tema que se dé poco crédito al testimonio que proviene de boca de un amigo, sino porque su virtud y conocimiento son mayores y de más excelencia de lo que soy capaz de alabarlos, y además tan famosos y tan perfectamente bien conocidos en todas partes que no necesitan ni deben ser

7 Diferencias sobre el tratado comercial de 1506 acerca de los impuestos sobre la exportación de lana y condiciones para la venta de los palios ingleses en los Países Bajos. Además de Moro formaban la comisión inglesa, Tunstall, Sampson, Spinelly, Clifford y Knight.

8 Tunstall (1474-1559), obispo de Londres y Durham.

9 Custodio de los libros reales.

alabados por mí o parecería que yo muestro y pongo de manifiesto el fulgor del sol con un candil, como dice el proverbio.[10] Nos recibieron en Brujas (tal como se había acordado previamente) los que habían sido designados por su príncipe como comisionados para este asunto: todos hombres excelentes.[11] Su jefe y superior era el Margrave (como ellos lo llaman) de Brujas, hombre honorabilísimo; pero el más sabio y elocuente de ellos era George Temsice, preboste de Cassel,[12] un hombre de singular elocuencia por dedicación y por naturaleza, y profundo conocedor de las leyes: en el razonamiento y debate de asuntos, tanto por ingenio natural como por práctica diaria, tenía a buen seguro pocos que le igualaran. Después de habernos reunido una o dos veces sin conseguir estar plena y completamente de acuerdo sobre ciertos puntos o artículos, se despidieron de nosotros por un tiempo y partieron a Bruselas para conocer la voluntad de su príncipe. Yo, mientras tanto, desde allí fui directamente a Amberes como reclamaban mis asuntos. Mientras residí allá, muchas veces me visitó, entre otros pero que para mí era más bienvenido que cualquiera, un tal Peter Giles, ciudadano de Amberes, un hombre de buena reputación en su país y además elevado a alta posición, realmente

10 Posible referencia a Cicerón: «ut in sola... lucernam ostendere nihil interest» en *De finibus malorum et bonorum*, IV, 12-29, que sería el origen del proverbio utilizado con frecuencia por muchos escritores humanistas.

11 Los representantes del emperador, dirigidos por el margrave de Brujas, posiblemente Jean de Hallewin, eran Guillaume de Croy, Jean le Sauvage, Sempy, Wieland, Jean Roussely y George de Themsecke.

12 Themsecke o Temsice (1536), doctor en leyes, obtuvo diversos cargos eclesiásticos y tomó parte en varias misiones diplomáticas.

merecedor de lo mejor. Es sin duda difícil decir si el joven es más sobresaliente en conocimientos o en honradez, pues es tanto de condición asombrosamente virtuosa como singularmente bien instruido y amable sobremanera con toda clase de gente, pero para los amigos tan cordial, tan amable, tan leal, tan sincero y de tan profundos afectos, que sería muy difícil encontrar en parte alguna un hombre que en punto a amistad pueda comparársele. No hay hombre que pueda ser más sencillo ni cortés. No hay hombre que use menos fingimientos o disimulo, en ningún hombre se da una más equilibrada sencillez. Además de esto es tan alegre y agradable en sus palabras y conversación, y eso sin doblez, que con su amable entretenimiento y su dulce y deleitable conversación, se calmó y disminuyó en mí el ferviente deseo que tenía de ver mi país natal, esposa e hijos, a quienes añoraba y suspiraba por ver porque por aquel entonces había estado más de cuatro meses alejado de ellos.[13] Cierto día, cuando había asistido a los oficios divinos en la iglesia de Nuestra Señora, que es la iglesia más bella, suntuosa y original en construcción de toda la ciudad, y la más frecuentada por la gente, y habiendo terminado el oficio estaba a punto de dirigirme a mis apartamentos, ocurrió que vi al antedicho Peter hablando con un extraño, un hombre bien entrado en años, con una cara oscura curtida por el sol, una larga barba y una capa tirada descuidadamente sobre los hombros, que por su aspecto y vestiduras me pareció un mari-

13 Moro había salido de Londres el 12 de mayo de 1515.

nero. Pero el mencionado Peter, al verme, se me acercó y me saludó. Y cuando yo iba a responderle, dijo: «Mira a ese hombre —y con esto señaló hacia el hombre con quien le había visto hablar antes—. Pensaba —siguió— traértelo directamente a casa.» «Hubiera sido muy bien recibido —dije yo— en tu honor.» «No —dijo él—, en el suyo si le conocieras, porque no hay en la actualidad hombre viviente que te pueda hablar de tan raros y desconocidos pueblos y países como él. Y sé bien que eres muy aficionado a oír tales noticias.» «Así no me equivoqué en mucho —dije yo—, pues a primera vista ya imaginé que era un marinero.» «No —dijo él—, ahí andabas muy errado: ha navegado ciertamente, pero no como el navegante Palinuro[14] sino como el experto y prudente príncipe Ulises, o, en verdad, más bien como el antiguo y sabio filósofo Platón. Pues este mismo Rafael Hythloday (que este es su nombre) es muy buen conocedor de la lengua latina, pero profundo y excelente en griego al que siempre dedicó más estudio que al latín porque se había entregado completamente al estudio de la filosofía de la cual sabía que no existe nada de importancia en latín, salvo unas pocas obras de Séneca y de Cicerón. El patrimonio que le correspondía por nacimiento lo dejó a sus hermanos (pues ha nacido en Portugal) y por el deseo que tenía de ver y conocer los lejanos países del mundo, se unió a Américo Vespucio y en los tres últimos viajes de los cuatro que

14 Palinuro es el piloto de Eneas que cayó al mar por haberse dormido al timón (*Eneida*, V, 833-61 y VI, 337-83).

ahora se han publicado[15] y están en manos de todos, él continuamente siguió en su compañía salvo en el último viaje en que no regresó con aquel. Porque usó de tales trucos y componendas, tanto por súplicas como por importunas solicitudes, que obtuvo licencia de maese Américo (aunque mal a su pesar) para ser uno de los veinticuatro que al final del último viaje fueron dejados en el país de Gulike.[16] Así se quedó por su voluntad, como hombre que dedicaba más pensamientos y preocupaciones al viajar que al morir, teniendo habitualmente estas expresiones en su boca: "El cielo cubre a quien no tiene sepultura"[17] y: "El camino del cielo tiene aproximadamente la misma longitud y distancia desde todas partes."[18] Estas fantasías suyas (si Dios no hubiera sido su mejor amigo) las hubiera seguramente pagado bien caras. Pero tras la partida de maese Vespucio, cuando había viajado por y a través de muchos países con cinco de sus compañeros gulikianos, al final, por un maravilloso azar llegó a Taprobana[19] y desde allí fue a Calicut, donde tuvo la suerte de encontrar algunos barcos de su país en los que regresó de nuevo a su tierra mejor de lo que se podía esperar.»

15 El libro más importante fue *Cosmographiae Introductio... Insuper Quattuor Americi Vespucii nauigattiones*, 1507, resumido en inglés poco después. Sobre la dudosa autenticidad de los viajes de Vespucio cfr. G. ARCINIEGAS, *Américo y el Nuevo Mundo*, 1955.

16 Nombre inventado por Robynson para evitar la confusión entre «castell» que la traducción habría exigido y «Castell», Castilla.

17 Cfr.: LUCANO, *De Bello Civili*, VII, 819, directamente o a través de san AGUSTÍN, *De Civitate*, I, 12.

18 Cfr.: CICERÓN, *Tusculanae*, I, 104, en donde Cicerón atribuye la expresión a Anaxágoras.

19 Antiguo nombre de Ceilán.

Cuando Peter me hubo contado todo esto, le di las gracias por su delicada amabilidad al haberme dado la oportunidad de procurarme la conversación del hombre cuya relación pensaba sería para mí placentera y agradable. Y con esto me volví a Rafael. Y cuando nos habíamos saludado uno al otro y habíamos pronunciado esas frases comunes que se acostumbran a decir al primer encuentro y conocimiento de extraños, nos fuimos a mi casa y allá, en mi jardín, sobre un banco cubierto de verde césped, nos sentamos a hablar juntos. Allí nos contó cómo después de la partida de Vespucio, él y los compañeros que habían permanecido en Gulike empezaron poco a poco, con amables y buenas palabras, a ganarse el amor y favor de la gente de aquellas tierras de tal manera que en corto espacio de tiempo habitaron entre ellos no sólo sin peligro sino además relacionándose con ellos muy familiarmente. Nos dijo también que gozaban de alta reputación y favor con cierto gran hombre (cuyo nombre y país está ahora completamente fuera de mi memoria) quien por mera liberalidad cargó con los gastos y costes de él y de sus cinco compañeros y además de esto les proporcionó un fiel guía para que los orientara en su viaje (que por mar era en barco y por tierra en carro) y los llevara a otros príncipes con muy amigables recomendaciones. Así, después de muchos días de viaje, dijo, encontraron pueblos y ciudades y estados llenos de gente, gobernados por leyes buenas y justas. Pues bajo la línea equinoccial y a ambos lados de la misma, tan lejos como se extiende la órbita del sol, se encuentran, dijo, grandes y anchos desiertos y páramos abrasados, quemados y resecos por el continuo e intolerable calor. Todas las cosas son repulsivas, terribles, odiosas y desagradables a la vista. Todas las cosas exentas de hechura y belleza, habitadas por bestias salvajes y serpientes y, en el mejor de los casos, por gente que no era menos salvaje, indomable y dañina que las mismas bestias. Pero más allá, algo más lejos, todo empieza poco a poco a hacerse más agradable. El aire, suave, templado y dulce. El suelo se cubre de verde hierba. Menos salvajismo en las bestias. Al final llegas de nuevo a las personas, ciudades y pueblos donde hay continuo intercambio y tráfico de mercaderías y comercio, tanto entre ellos y sus vecinos como con mercaderes de lejanos países, por tierra y por mar. «Allí tuve ocasión —dijo— de ir a muchos países en ambas direcciones. Porque no había barco presto para cualquier viaje o desplazamiento en que yo y mis compañeros no fuéramos recibidos de muy buen grado.» Los barcos que encontraron al principio se construían planos, chatos y anchos de fondo, a modo de artesa. Las velas estaban hechas con grandes juncos o mimbres y en algunos lugares con piel. Después encontraron barcos de quillas salientes y velas de lona y en verdad, poco después, con todas las cosas igual que las nuestras. Los tripulantes también muy hábiles y expertos tanto en el mar como en relación al tiempo atmosférico. Pero dijo que halló gran favor y amistad entre ellos por enseñarles el funcionamiento y uso de la aguja magnética que les había sido desconocida hasta entonces. Y por eso solían ser muy temerosos y miedosos en el mar y no se aventuraban por él más que en verano. Pero ahora tienen tal confianza en esa aguja que no temen el invierno tempestuoso, obrando así más alejados de preocupaciones que del peligro de tal manera que es bien de dudar si esa cosa que al principio se suponía que sería para ellos buena y cómoda, por su loco atrevimiento, no les redundará en mal y en perjuicio. Pero lo que nos dijo que había visto en cada país que visitó sería muy largo de contar. Y no es mi propósito ahora hacer una relación de ello. Pero puede que en otro lugar hable de ello, sobre todo de cosas tales que sean útiles de conocer, como lo son en especial los decretos y ordenanzas que señaló que eran buenos y prudentemente dispuestos y cumplidos en aquellos pueblos, para vivir juntos en buen orden y concierto civil. Pues nosotros le preguntamos y consultamos sin parar sobre tales cosas y él de igual modo nos hablaba de las mismas de muy buen grado. Pero de monstruos, puesto que no son cosa nueva, no inquirimos nada en absoluto. Pues nada hay más fácil de encontrar que aullantes Scylas, rapaces Celenos y Lestrigones[20] devoradores de hombres y parecidos monstruos grandes e increíbles. En cambio, encontrar ciudadanos regidos por buenas y justas leyes, eso es sumamente raro y cosa difícil. Pero así como señaló muchas leyes vanas y absurdas en aquellas tierras recientemente descubiertas también relató diversas disposiciones y constituciones de las cuales estas nuestras ciuda-

20 Scylas y Celenos son monstruos citados en la *Eneida*; los Lestrigones, gigantescos caníbales que aparecen en la *Odisea*, X, 77-132. Los monstruos de la destrucción y la rapacidad son ciertamente corrientes.

des, naciones, países y reinos pueden tomar ejemplo para corregir sus faltas, enormidades y errores de lo cual, en otro lugar (como he dicho) voy a tratar. Ahora en esta ocasión estoy determinado a relatar solamente lo que nos dijo de los modos, costumbres, leyes y ordenamientos de los utopienses. Pero primero repetiré nuestra previa conversación que (por decirlo así) derivando ocasionalmente de ahí, le llevó a la mención de aquella república.

Pues cuando Rafael había muy prudentemente señalado diversos puntos defectuosos, algunos aquí y algunos allí, en verdad muchos en ambas partes, y de nuevo había hablado de tales leyes sabias y prudentes decretos, que son establecidos y usados tanto aquí entre nosotros como allá entre ellos, en calidad de hombre tan completo y experto en las leyes y costumbres de tan diversos países como si en cualquier lugar adonde llegó como invitado hubiera pasado toda su vida, entonces Peter, muy maravillado ante el hombre dijo: «Ciertamente, maese Rafael, sin cesar me pregunto por qué no entráis en la corte de algún rey. Porque estoy seguro de que no hay príncipe viviente que no estuviera muy contento de vos, como de un hombre no sólo altamente capaz de deleitarle con vuestro profundo saber y este conocimiento vuestro de países y gentes, sino también a la medida para instruirle con ejemplos y ayudarle con consejos. Y haciendo así llegaréis a muy buena posición y además podríais ayudar a todos vuestros amigos y familiares.» Él replicó: «En lo referente a mis amigos y familiares no me preocupo mucho porque pienso que ya he cumplido suficientemente mi papel con ellos. Pues estas cosas de las que otros hombres no se separan hasta que están viejos y enfermos, que son en verdad tan reacios a dejar cuando no las pueden guardar más tiempo, estas mismas cosas, cuando yo me encontraba vigoroso y con buena salud y en la flor de mi juventud, las dividí entre mis amigos y parientes. Creo que con esa liberalidad mía debiera tenerlos contentos sin pedir ni procurar que además de esto tuviera que hacerme esclavo de los reyes por ellos.»

«No, Dios no le permita —dijo Peter—, no está en mi mente que tengáis que estar esclavizado por los reyes, sino a su servicio para vuestro provecho lo cual, a buen seguro, pienso que es el mejor camino que podéis tomar para emplear vuestro tiempo fructíferamente, no sólo para el bienestar personal de vuestros amigos y para general provecho de toda clase de personas sino además para vuestra propia promoción a un estado y condición más acomodados, que aquellos en los que estáis ahora.» Replicó Rafael: «¿Para una condición más acomodada, por unos medios que mi razón rechaza claramente? Ahora vivo en libertad, a mi albedrío y satisfacción,[21] cosa que creo que muy pocos de los grandes personajes y pares del reino pueden decir. En verdad que ya hay bastantes de ellos que van detrás de la amistad de los poderosos y por eso pienso que no es gran perjuicio que no me tengan a mí ni a tres o cuatro como yo.» «Bien, me doy

21 En un contexto similar (*De Officiis*, I, 20-70) Cicerón define la libertad «*cuius proprium est sic vivere ut velis*», frase citada por los humanistas.

perfecta cuenta, amigo Rafael —dije yo—, que no deseáis riqueza ni poder. Y verdaderamente no siento menos respeto y estimación por un hombre de vuestras ideas que por cualquiera de los que están tan altos en poder y autoridad. Pero vos obraréis como os conviene, en verdad, y de acuerdo con vuestro buen juicio, con este ánimo tan elevado y libre, si podéis encontrar en vuestro corazón manera de organizaros y de disponer de vos mismo para que podáis aplicar vuestro ingenio y diligencia al provecho de la república aunque sea en parte una molestia y un estorbo para vos. Y esto nunca lo haréis tan bien ni lo realizaréis con tan gran provecho como si sois consejero de algún gran príncipe y metéis en su cabeza (como no dudo que haréis) honestas opiniones y virtuosas convicciones. Pues del príncipe, como de un perpetuo manantial, llega al pueblo la corriente de todo lo bueno y lo malo.[22] Pero en vos se encuentran unos conocimientos tan completos, una tan gran experiencia, que podéis ser consejero de cualquier rey, sin ninguna experiencia ni conocimiento de ello.» «Estáis doblemente equivocado, maese Moro —dijo él—; primero sobre mí y después sobre la cosa en sí misma. Pues ni tengo la habilidad que me atribuís ni, aunque fuera así, inquietando mi quietud acrecentaría el bien común. Porque en primer lugar, la mayor parte de los príncipes se interesan más en asuntos bélicos y hazañas caballerescas (cuyo

22 Comparación común de los humanistas. La imagen de la fuente se encontraba ya en Plutarco.

conocimiento no tengo ni deseo) que en las buenas hazañas de la paz, y dedican mucho más estudio a extender, con razón o sin ella, sus dominios que a regir y gobernar bien y pacíficamente los que ya tienen. Además, cada uno de los consejeros de los reyes es de suyo tan sabio en verdad que no necesita el consejo de otro hombre, o bien se cree tan sabio que no lo admite a menos que aprueben escandalosa y servilmente las vanas y absurdas sentencias de ciertos grandes hombres cuyos favores, puesto que tienen gran influencia con su príncipe, intentan obtener a base de asentimiento y adulaciones. Y no cabe duda de que por naturaleza todos los hombres sobrevaloran las propias ocurrencias. Así, tanto el cuervo como el mono piensan que sus crías son las más bellas. Pues si un hombre, en un grupo donde unos desdeñan y sienten desprecio por las ocurrencias de los demás, y otros consideran mejores las suyas propias, si entre tales personas, digo, un hombre aporta cualquier cosa que haya leído, hecha en tiempos pasados o que haya visto hacer en otros lugares, los oyentes actúan como si todo el prestigio de su sabiduría corriera el peligro de verse por los suelos y como si en adelante se les tuviera que considerar muy necios si no pueden encontrar en los hechos de otros hombres materia para criticar y en la que encontrar faltas. Si falla cualquier otro pobre recurso, este es su último refugio: "Estas cosas —dicen— satisfacían a nuestros antepasados y antecesores; Dios quisiera que fuéramos tan sabios como ellos." Y como si hubieran resuelto sabiamente el asunto y tapado la boca de cualquiera con esta respuesta, vuelven a sentarse. Como si dijeran que es peligroso que pueda haber algún hombre más listo en algún aspecto que sus antepasados. Y sin embargo estamos tan contentos, comportando que los mejores y más sabios de sus decretos permanezcan inefectivos, pero si en alguna cosa se hubiera podido seguir mejor método que el que siguieron ellos, entonces nos obstinamos encontrando en aquel multitud de defectos. Muchas veces me he tropezado con tales juicios presuntuosos, mezquinos, superpertinaces y caprichosos en verdad, y, una vez, en Inglaterra.» «Permitid, señor —dije—, ¿habéis estado en nuestro país?» «Sí, en efecto —dijo—, y allí permanecí por espacio de cuatro o cinco meses seguidos no mucho después de la insurrección que los ingleses occidentales tramaron contra su rey,[23] a la cual se sofocó y puso fin con su lamentable y dolorosa matanza. A la sazón estaba muy obligado y agradecido al muy reverendo padre John Morton, arzobispo y cardenal de Canterbury y, por aquella época, también lord canciller de Inglaterra, un hombre, maese Peter (pues maese Moro ya sabe lo que voy a decir), no más respetable por su autoridad que por su prudencia y virtud. Era de mediana estatura y aunque de edad avanzada, todavía mantenía el cuerpo erguido. En su rostro brillaba una respetabilidad tan afable que daba gusto verlo. Afable en el trato pero grave y prudente. Muchas veces tenía gran afición a las palabras rudas para con sus

23 Se trata de la insurrección de Cornualles de 1497. Los rebeldes fueron derrotados en Blackheath.

solicitantes, para probar, pero sin mala intención, lo que había en cada uno de ingenio pronto y espíritu desenvuelto de lo cual, como de una cualidad muy de acuerdo con su naturaleza, siempre que con ella no fuera unida la insolencia, se alegraba mucho. Acogía cariñosamente a esta persona, como apta y digna de desempeñar un cargo en la república. En su conversación era fino, elocuente y sustancioso. En Derecho tenía profundos conocimientos, en ingenio era incomparable y en memoria, admirablemente superior. Estas cualidades que en él eran características por naturaleza, las había perfeccionado con el estudio y la práctica. El rey depositaba mucha confianza en su consejo y la república también dependía de él en cierto modo, cuando estuve allí. Pues ya en el inicio de su juventud le trasladaron de la escuela a la corte y allí pasó todo el tiempo entre muchos problemas y ocupaciones, siendo continuamente zarandeado y empujado por las olas de diversas desdichas y adversidades. Y así a través de muchos y grandes peligros aprendió la experiencia del mundo, que, cuando se aprende así, no se olvida fácilmente. Ocurrió que cierto día en que yo me sentaba a su mesa había también un seglar experto en las leyes de vuestro reino quien, no puedo decir con qué motivo, empezó diligente y gravemente a alabar aquella directa y rigurosa justicia que en aquel tiempo se practicaba con los malhechores, quienes, según dijo, la mayoría de veces eran colgados, veinte a la vez, en una horca. Y viendo que tan pocos escapaban del castigo dijo que no podía concebir, sino admirarse y maravillarse mucho de cómo y por qué mala suerte podía ocurrir que los ladrones a pesar de todo y en todas partes fueran tan abundantes y numerosos.» «No, señor —dije yo, pues podía permitirme exponer abiertamente mis pensamientos delante del cardenal—. No hay nada de qué maravillarse, pues este castigo de los ladrones pasa los límites de la justicia y es además muy perjudicial para el bien común. Pues es un castigo demasiado extremo y cruel para el robo y sin embargo no es suficiente para refrenar y apartar de él a los hombres. Pues el simple robo no es un delito tan grande que se haya de castigar con la muerte. Ni hay castigo tan horrible que pueda evitar que roben los que no tienen otras artes de subsistencia. Por eso en este punto tanto vosotros como la mayor parte del mundo sois como malos maestros de escuela que están más prestos a pegar que a enseñar a sus alumnos.[24] Pues grandes y horribles castigos se destinan a los ladrones cuando mucho antes se hubieran debido tomar previsiones para que hubiera algunos medios con los que pudieran ganarse la vida de modo que nadie tuviera que llegar a este extremo de necesidad, primero de robar y luego de morir.» «Sí —dijo él—. Ya se ha previsto este aspecto completamente. Existe el trabajo manual, existe la agricultura para ganarse la vida si no quisieran voluntariamente ser malos.» «No —dije yo—, no escaparéis tan fácilmente, pues en primer lugar no diré nada de los que

24 Como Platón (*Rep.*, VII, 536) y Quintiliano (*Institutio Oratoria*, 1.3.13-18), los educadores renacentistas protestaban contra los castigos corporales en las escuelas.

regresan a casa de la guerra mutilados y lisiados, como no hace mucho los del campo de Blackheath y, un poco antes de esto, de las guerras con Francia; de los tales, digo, que ponen su vida en peligro por la república o por el rey, y que por razón de su debilidad o cojera no son capaces de ocuparse en sus viejos oficios y son demasiado viejos para aprender otros nuevos, de ellos no diré nada por cuanto las guerras tienen sus recursos ordinarios. Pero consideremos los hechos que ocurren cada día ante nuestros ojos. Primero hay un gran número de caballeros que no se conforman con vivir ociosos como zánganos de lo que otros han trabajado; me refiero a sus colonos, a quienes trasquilan y afeitan de raíz a base de aumentarles las rentas (pues estos hombres por otra parte capaces de llegar a la mendicidad a través de sus dispendios pródigos y desmesurados utilizan este único principio de economía). Estos caballeros, digo, no sólo viven en la ociosidad ellos sino que tienen a su alrededor un gran rebaño o séquito de sirvientes ociosos y haraganes que nunca aprendieron un oficio con el que ganarse la vida. Estos hombres, tan pronto como su señor muere o ellos están enfermos, inmediatamente son expulsados de la casa. Pues los caballeros prefieren mantener personas ociosas que hombres enfermos, y muchas veces el heredero del muerto no puede mantener una casa tan grande y conservar tantos sirvientes como su padre. Entretanto los que así han sido despedidos del servicio, o bien mueren de hambre o decididamente se hacen ladrones. Pues ¿qué queréis que hagan? Cuando han vagado tanto tiempo hasta que han raído sus vestiduras con el uso y además han perjudicado su salud, entonces los caballeros, a causa de sus caras pálidas y enfermizas y ropas remendadas, no los tomarán a su servicio. Y los campesinos no se atreven a darles trabajo sabiendo bien que no es nada adecuado para servir leal y fielmente a un pobre hombre con una pala y un zapapico, por un salario pequeño y duras condiciones, aquel que, habiendo sido delicada y tiernamente criado en la ociosidad y la holganza estaba acostumbrado, con una espada y broquel al costado, a pavonearse por la calle con una mirada jactanciosa y a creerse demasiado bueno para ser amigo de cualquiera.» «No, por Santa María, señor —dijo el letrado—, eso, no. Porque de esta clase de hombres sacamos el mayor partido ya que en ellos, como hombres de más redaños, espíritu más decidido y ánimo más esforzado que los artesanos y los labradores, consiste todo el poder, fuerza y preponderancia de nuestro ejército cuando debemos entablar batalla.» «Ciertamente, señor —dije yo—, así también podríais decir que a causa de las guerras debéis criar ladrones. Pues a buen seguro nunca los encontraréis en falta mientras tengáis tantos. No, ni los ladrones son los más desleales ni débiles soldados, ni los soldados son los ladrones más cobardes; tan bien estos dos oficios concuerdan. Pero este error, aunque muy extendido entre vosotros, no es sólo característico vuestro sino común también a casi todas las naciones. Sin embargo Francia, además de esto, está aquejada e infectada con una plaga más amarga. Todo el reino está lleno y asediado de mercenarios[25] en tiempo de paz (si esto es paz) que fueron traídos allí so color y pretexto análogos a los que os han persuadido a vosotros a mantener estos sirvientes ociosos. Pues estos sabihondos y auténticos archizoquetes pensaban que el bienestar de todo el país consiste en esto, en que haya a punto en cualquier momento una guarnición fuerte y segura, especialmente de viejos soldados entrenados pues no tienen ninguna confianza en hombres inexpertos. Y por eso se ven forzados a buscar la guerra con el fin de tener siempre soldados experimentados y arteros asesinos para que (como dijo agudamente Salustio) sus manos y sus mentes no se emboten a causa de la ociosidad o falta de ejercicio. Pero lo pernicioso y pestilente que es mantener tales fieras, los franceses para su propio mal lo han aprendido, y el ejemplo de los romanos, cartagineses, sirios y de muchos otros países manifiestamente lo atestigua. Porque no sólo el imperio sino también los campos y ciudades, todos ellos en diversas ocasiones, han sido invadidos y destruidos por los mismos ejércitos que tenían previamente preparados. Ahora, lo innecesarias que son todas estas cosas se pone de manifiesto en esto; que los franceses que desde su juventud han practicado y se han habituado en hechos de armas no pueden presumir ni jactarse de haber llevado la mejor parte muy a menudo ni ventaja

25 Los franceses utilizaban a los suizos, sobre todo para la infantería. Maquiavelo (*Discorsi* 1,21 y 2,20) habla también del peligro de recurrir a mercenarios.

sobre vuestros recientes e inexpertos soldados.[26] Pero en este punto no usaré muchas palabras para que no parezca que os quiero halagar. No, ni vuestros mismos hábiles artesanos de las ciudades ni siquiera los rústicos y agrestes labradores del campo se supone que hayan de tener mucho temor de los ociosos sirvientes de vuestros señores, a menos que sean tales que a su cuerpo o estatura no corresponda la fuerza o el coraje o bien sus estómagos resueltos se hayan desmoralizado con la pobreza. Así podéis ver que no habría nada que temer a menos que fueran afeminados, si se educaran en buenos oficios y trabajos pesados con los que ganarse la vida los que con cuerpos fuertes y robustos (pues los señores no descienden a corromper ni estropear a nadie más que a los hombres seleccionados y escogidos) ora son llevados a la debilidad por razón del descanso y la ociosidad, ora se hacen débiles e incapaces de soportar la dureza a base de ejercicios demasiado fáciles o mujeriles. Realmente de cualquier modo que se presente el caso, me parece que no es nada útil para la república que por causa de la guerra, que no tenéis más que cuando la queréis vosotros, mantengáis un rebaño innumerable de esta clase de hombres que son tan perjudiciales y nocivos en la paz por la que deberíais tener mil veces más preocupación que por la guerra. Pero incluso esta no es la sola causa necesaria para robar. Hay otra que supongo es propia y pecu-

26 Referencia a las victorias inglesas durante la Guerra de los Cien Años y a la batalla de los Spurs donde recientemente Enrique VIII había obtenido el título de invencible con el que le presenta Moro al principio del libro.

liar de vosotros los ingleses únicamente.» «¿Qué es ello?», dijo el cardenal. «Ciertamente, mi señor —dije yo—, vuestras ovejas, que solían ser tan pacíficas y mansas y comían tan poco, ahora, según oigo decir, se han convertido en tan grandes devoradoras y tan salvajes que comen y engullen a los mismos hombres. Consumen, destruyen y devoran campos enteros, casas y ciudades. Pues mirad en cualquier parte del reino que produce la lana más fina y por tanto la más cara: allí nobles y caballeros y ciertos abades, sí, hombres venerables sin duda, no contentándose con los ingresos y beneficios que sus tierras solían proporcionar a sus antepasados y predecesores, no contentos con vivir en descanso y holganza sin ser de ningún provecho, sino perjudicando mucho a la república, no dejan ningún suelo para la labranza, todo lo destinan a pastos; derriban casas, asolan ciudades y no dejan nada en pie salvo la iglesia para convertirla en corral de ovejas. Y como si no perdierais ya una nada pequeña cantidad de suelo en bosques, cotos, rasas y parques, estos hombres venerables y buenos convierten todas las plazas habitables y todo beneficio agrícola en desolación y yermos. Por eso, para que un ávido e insaciable glotón y auténtica plaga de su país natal pueda cercar y vallar muchos miles de acres de terreno con una empalizada o seto, se expulsa a los campesinos de los suyos con artilugios y fraudes o se les despide con violenta opresión o acaban tan hastiados a base de ofensas e injurias que se ven obligados a venderlo todo; por eso de una manera o de otra, a tuertas o a derechas, han de irse necesariamente como almas pobres, simples y desgraciadas: hombres, mujeres, maridos, esposas, hijos sin padre, viudas, madres desconsoladas con sus hijos menores y toda su familia, pequeña en pertenencias y grande en número porque la agricultura requiere muchos brazos. Se van, digo, fuera de sus casas conocidas y habituales sin encontrar lugar donde descansar. Todos sus enseres, de muy pequeño valor aunque pudieran demorar la venta, al ser súbitamente expulsados, se ven constreñidos a venderlos por nada. Y cuando han vagado de una parte a otra hasta que lo han gastado todo, ¿qué otra cosa pueden hacer sino robar y entonces ser ahorcados, por Dios que justamente, o bien ir a mendigar? Y aun así son arrojados a la prisión por vagabundos porque van de un lado a otro y no trabajan, ellos a quienes nadie proporcionará trabajo aunque nunca se prestarían a ello de más buena gana. Pues un pastor o apacentador es suficiente para invadir de ganado un terreno que, dedicado a la agricultura, requeriría muchos brazos. Y este es también el motivo por el que los víveres son ahora más caros en muchos sitios. En verdad, aparte de esto, el precio de la lana ha subido tanto que la pobre gente que solía elaborarla y hacer ropas con ella, ahora no puede comprar nada en absoluto. Y por estos medios muchos se ven obligados a abandonar el trabajo y a entregarse a la ociosidad. Y después de vallar tanto terreno para pastos, una infinita multitud de ovejas murió de comalía, que tal venganza tomó Dios de su desordenada e insaciable codicia, enviando entre las ovejas aquella apestosa epidemia que mucho más justamente hubiera debido caer sobre las mismas cabezas de los propietarios. Y aunque el número de las ovejas nunca aumenta con mayor rapidez, el precio no baja ni un ápice porque hay tan pocos vendedores. Pues casi todo ha caído en manos de unos pocos ricos que no necesitan vender más que cuando les place y no les place más que cuando pueden vender tan caro como les place. Y la misma causa provocó parecida carestía en las otras especies de ganado, ciertamente, y tanto más cuanto que después de que las granjas cerraron y decayó la agricultura no hay hombre que se ocupe en la cría de reservas jóvenes. Pues estos ricos no se dedican a las crías de ganado mayor como hacen con los corderos sino que primero los compran en el extranjero muy baratos y después, cuando han engordado en sus pastos, los vuelven a vender sumamente caros. Y de ahí, supongo, que todo el inconveniente de esto no se haya hecho sentir aún. Pues hasta ahora solamente provocan la carestía en los lugares en donde venden. Pero cuando los hayan sacado todos de donde se producen más de prisa de lo que se pueden criar se dejará sentir una gran carestía empezando a fallar las reservas donde la mercadería se compra. Así la irrazonable codicia de unos pocos ha convertido en una completa ruina para vuestra isla aquello en que consistía la principal fortuna de vuestro reino. Pues esta gran escasez de víveres provoca que los hombres mantengan las casas y la hospitalidad al menor nivel posible y que despidan a sus sirvientes ¿adónde, os pregunto, sino a mendigar o bien (a lo que estos nobles valentones y atrevidos pronto se decidirán) a robar? Ahora, para arreglar el asunto, a esta desgraciada mendicidad y miserable pobreza se añade un gran desenfreno, lujos superfluos y desórdenes excesivos. Pues no sólo los criados de los señores, sino los artesanos, si, y casi también los labradores del campo, con toda otra clase de gente usan de muchas extrañas y presuntuosas novelerías en sus vestidos[27] y muy excesiva prodigalidad de manjares suntuosos en sus mesas. Y alcahuetas, cortesanas, putas, meretrices, prostitutas, burdeles, lupanares y más lupanares, bodegas, cervecerías y tabernas con tantos juegos malos, indecentes e ilegales como dados, cartas, tablas, tenis, bolos, tejos; todo esto ¿no envía a sus aficionados a robar cuando se les ha acabado el dinero? Proscribid estas perniciosas abominaciones, promulgad una ley que los que han asolado las granjas y villas agrícolas las reconstruyan, o bien entregad y conceded su posesión a los que se tomen la molestia de edificarlas de nuevo. No permitáis que los ricos lo compren todo, amontonen y acaparen y con su monopolio controlen solos el mercado como les plazca. No dejéis que tantos se eduquen en la ociosidad; que la agricultura y el cultivo se restablezcan, que los telares se renueven, que pueda haber trabajos honrados para que esta clase ociosa ocupe su tiempo en cosas provechosas, estos a quienes la pobreza ya ha obligado a ser ladrones o

27 Moro tiene un epigrama titulado: «A Eupariphus que empeñó su granja para comprarse vestidos».

ahora son vagabundos o sirvientes haraganes y pronto serán ladrones. Sin duda a menos que encontréis remedio para estas enormidades en vano os jactaréis de hacer justicia a los malhechores. Porque esta justicia es más bella en apariencia y más próspera en lo externo que justa o provechosa. Pues comportando que vuestra juventud se críe desordenada y viciosamente y que se corrompa ya desde su tierna edad, poco a poco, con el vicio, después la buena fama exige que sea castigada al llegar a la edad adulta cuando cometen las mismas faltas que desde su juventud era probable que hicieran. En este punto os pregunto, ¿qué hacéis sino crear ladrones y luego castigarlos?» Y mientras hablaba así, el letrado empezó a prepararse para responder y estaba decidido a seguir la moda e industria de los disputantes que son más rápidos en repetir que en responder como si pensaran que la memoria es merecedora de la máxima alabanza. «Realmente, señor —dijo él—, habéis dicho bien para ser extranjero y uno que conoce mejor de oídas algo de estos asuntos que por ningún exacto o perfecto conocimiento de los mismos, como inmediatamente pondré de manifiesto y en claro con pruebas evidentes. Pues primero repetiré en orden todo lo que habéis dicho, después declararé en qué estáis equivocado por falta de conocimiento sobre todos nuestros modos, maneras y costumbres, y, por último, contestaré vuestros argumentos y los refutaré uno a uno. Primero, por tanto, empezaré por donde he prometido. Me pareció que decíais cuatro cosas.» «Deteneos —dijo el cardenal—, pues parece que no responderéis brevemente cuando empezáis así. Por tanto, por ahora no os toméis la molestia de responder y guardadlo para un próximo encuentro que me gustaría mucho que fuera mañana mismo a menos que vos o maese Rafael tengáis algún compromiso. Pero ahora, maese Rafael, oiría de muy buen grado por qué pensáis que el robo no merece ser castigado con la muerte o qué otro castigo eficaz podéis imaginar para el bien común. Porque estoy seguro de que no sois de la opinión que quisierais que el robo escapara sin castigo. Pues si ahora la pena máxima de muerte no puede conseguir que dejen de robar, si los rufianes y salteadores no temieran por sus vidas ¿qué violencia, qué miedo sería capaz de apartar sus manos del robo si tomaran la mitigación del castigo como una auténtica provocación al delito?» «A buen seguro, mi señor —dije yo—, no creo de derecho ni de justicia que la pérdida de dinero pueda provocar la pérdida de la vida humana. Pues mi opinión es que todos los bienes del mundo no pueden equipararse a la vida del hombre. Pero si dijeran que la quiebra de la justicia y la transgresión de las leyes se compensa con este castigo y no con la pérdida de dinero ¿por qué no podría llamarse claramente injuria a esta extrema y rigurosa justicia? Pues disposiciones tan crueles, tan estrictas reglas y despiadadas leyes no pueden permitirse; que si se comete un pequeño delito haya que echar mano a la espada inmediatamente. Ni tampoco se han de tomar tan estoicas disposiciones como para considerar todos los delitos por igual, de modo que el asesinato de un hombre o el apoderarse de su dinero sea todo una cosa y lo uno un delito no más odioso que el otro. Entre estos dos, si tenemos algún respeto por la equidad, ninguna similitud o igualdad es compatible. Dios nos ordenó no matar. ¿Y somos tan impacientes que matamos a un hombre por apoderarse de un poco de dinero? Y si algún hombre entiende que por este mandamiento de Dios está prohibido matar sin más limitaciones que las que imponen las leyes humanas que permiten matar, ¿por qué entonces no puede determinarse de la misma manera en las constituciones humanas en qué medida la prostitución, la fornicación y el perjurio pueden ser legales? Pues mientras por permisión de Dios ningún hombre tiene poder de matarse a sí mismo[28] ni a cualquier otro hombre, entonces si una ley hecha con el consenso de los hombres concerniente a la matanza humana tuviera que tener tanta fuerza, poder y virtud como para que los que, contrarios al mandamiento divino, han matado a aquellos a quienes esta disposición humana manda que se maten, estén completamente limpios y exentos del compromiso y riesgo del mandamiento de Dios, ¿no se sigue de este razonamiento que el poder del mandamiento de Dios no se extiende más allá de lo que la ley humana define y permite? Y así ocurrirá que de manera igual las disposiciones sobre todas las cosas determinarán hasta qué punto debe extenderse la observación de todos

28 Como cristiano hablando con cristianos, Hythloday ataca el suicidio pero no lo hace al explicar la práctica de la eutanasia en la pagana Utopía.

los mandamientos de Dios. Para resumir, la ley de Moisés, aunque era inclemente y dura como ley que era dada a esclavos, y por cierto que muy obstinados, testarudos e indomables, castigaba el robo con el pago de dinero y no con la muerte. Y no pensemos que Dios, en la nueva ley de clemencia y misericordia con la cual nos gobierna con paternal suavidad como a sus queridos hijos, nos haya dado mayor oportunidad y permiso para la práctica de la crueldad de uno sobre otro. Ya habéis oído las razones por las que estoy persuadido de que este castigo es injusto. Además pienso que no hay nadie que no sepa lo irrazonable, en verdad, lo pernicioso que es para la república que un ladrón y un homicida o un asesino sufran igual y análoga pena. Pues el ladrón, viendo al hombre que es condenado por robo en no menos peligro ni condenado a un castigo menor que el que es convicto de asesinato, se ve provocado, por esta única consideración, intensa e irresistiblemente y en cierto sentido obligado a matar al que de otro modo sólo hubiera robado. Pues una vez cometido el asesinato está con menos miedo y con más esperanza de que el hecho no sea descubierto ni conocido si ve que la parte interesada está muerta y fuera de circulación, el único que podría declarar y descubrirlo. Pero si ocurre que se le prende y descubre de todos modos no está en mayor peligro y riesgo que si hubiera cometido sólo una simple fechoría. Por esto mientras vayamos por ahí con tal crueldad para atemorizar a los ladrones, los provocaremos a que maten hombres buenos. Ahora, referente a la pregunta de qué castigo sería más conveniente y mejor, esto, en mi opinión, es realmente más fácil de hallar que el castigo que sería peor. Pues ¿por qué hemos de poner en duda que sea un camino bueno y provechoso para el castigo de los delincuentes el que sabemos que tiempo atrás daba tan buenos resultados entre los romanos, hombres muy expertos, políticos y entendidos en la administración de una república? Los que entre ellos eran convictos de grandes y odiosas transgresiones eran condenados a las canteras y a extraer metales de las minas donde estaban encadenados todos los días de su vida. Pero referente a este asunto no creo que las ordenanzas de ninguna nación sean tan buenas como las que vi mientras viajaba fuera por el mundo, usadas en Persia, entre el pueblo que comúnmente recibe el nombre de polileritas.[29] Su tierra es extensa y amplia y además gobernada bien y juiciosamente y el pueblo de toda condición, libre y regido por sus propias leyes salvo que pagan un tributo anual al gran rey de Persia. Pero como están lejos del mar, cercados y encerrados casi a la redonda por altas montañas, y se contentan con los frutos de su propia tierra que es de sí muy fértil y fructífera, por esta causa ni ellos van a otros países ni los otros van al suyo. Y de acuerdo con la antigua tradición del país no desean extender los límites de sus dominios y, los que tienen, por razón de los altos montes, se defienden fácilmente, y el tributo que pagan a su jefe supremo y rey les

29 πολός, «mucho». λῆρος, «charla vana» y- ιτης «referente a», «nativo de», o sea «ciudadanos de abundante charla vana». Su sistema penal puede parecer absurdo al vulgo.

deja completamente libres de los asuntos bélicos. Así su vida es más tranquila que cortesana y más se les puede llamar felices o acomodados que notables o famosos pues no son conocidos ni de nombre, supongo, con la sola excepción de sus vecinos más próximos y pueblos limítrofes. Los que en este país son acusados y convictos de robo restituyen lo que robaron al mismo propietario y no, como hacen en otras tierras, al rey, quien no piensan que tenga más derecho a la cosa robada que el que tiene el propio ladrón.[30] Pero si la cosa se ha perdido o destruido, entonces su valor se paga de los bienes de tales malhechores, y el resto queda por entero para sus esposas e hijos. Y ellos son condenados a ser trabajadores públicos y, a menos que el robo sea muy atroz, nunca se les encierra en prisión ni se les encadena con grilletes sino que van desatados y andan libremente trabajando en las obras públicas. Los que se niegan a trabajar o van despacio y con negligencia a su trabajo son atados con cadenas y obligados con azotes. Pero si son diligentes en su trabajo viven sin contratiempos ni reproches. Cada noche se les pasa lista y se les encierra en sus celdas. Aparte de su trabajo diario su vida no tiene nada de dura ni incómoda. Su comida es normal, subvencionada por el erario público porque son servidores públicos del Estado. Pero sus cargas no son cubiertas igualmente en todas las partes del país pues en algunos lugares lo que se gasta en ellos se recoge de las limosnas. Y aunque esta manera es inse-

30 Erasmo en *Institutio* critica el mismo abuso entre los príncipes.

gura, el pueblo es tan compasivo y piadoso que no se ha encontrado nada más provechoso ni rentable. En algunos sitios ciertas tierras se destinan a esto y de sus beneficios se mantienen. Y en otros sitios cada hombre da un determinado tributo para tal uso y propósito. Incluso en ciertas partes del país estos siervos (que así se llama a los condenados) no realizan trabajos públicos sino que cuando cualquier particular necesita trabajadores se dirige a la plaza del mercado y allí alquila a algunos por la comida y bebida y un determinado salario limitado por día, algo más bajo que si alquilara a un hombre libre. Es también legal castigar la pereza de estos siervos con azotes. Por este medio nunca carecen de trabajo y aparte de la ganancia de su comida y bebida, cada cual aporta diariamente alguna cosa al tesoro público. Todos y cada uno de ellos van vestidos de un color. No se rasuran ni afeitan el pelo de sus cabezas sino que se recorta un poco por encima de sus orejas y se les corta la punta de una de ellas. Cada uno de ellos puede aceptar comida y bebida de sus amigos y también una capa de su color correspondiente, pero recibir dinero significa la muerte tanto para el dador como para el receptor. Y no es menos riesgo para un hombre libre recibir dinero de un siervo por cualquier tipo de motivo, e igualmente para los siervos tocar armas. Los siervos de cada distinta demarcación se distinguen y reconocen de los otros por sus varias y diversas señales: quitárselas es la muerte y también lo es ser visto fuera del recinto de su propia demarcación o hablar con un siervo de otra provincia. Y no es menos peligro para ellos intentar escaparse que hacerlo realmente. Así es, y encubrir tal propósito, en un siervo significa la muerte, en un hombre libre la esclavitud. Por el contrario al que descubre y denuncia tales planes se le conceden importantes regalos: a un hombre libre una gran suma de dinero, a un siervo la libertad y a ambos remisión y perdón de sus responsabilidades en tal intento. De modo que nunca puede beneficiarles tanto seguir adelante con sus malos propósitos como echarse atrás por arrepentimiento. Esta es la ley y el orden a este respecto, tal como os he mostrado. En esto podéis percibir perfectamente lo lejos que está de la crueldad el humanitarismo que se practica y lo práctico que es. Pues todo lo que el fin de su ira y castigo pretende no es sino la destrucción del vicio y la salvación de los hombres, obrando y dirigiéndoles de manera que no puedan elegir más que ser buenos y, en cuanto al mal que hayan podido hacer antes, enmendarse por el resto de su vida. Además se teme tan poco que vuelvan a su perversa condición que los viajeros, para su protección, los eligen como guías antes que a ningún otro, cambiándolos en cada demarcación y tomando otros nuevos. Pues si quisieran cometer robo no cuentan con nada adecuado para tal propósito. No pueden tocar armas, el dinero que se les encontrara delataría su robo. Tan pronto como se les cogiera en tales mañas serían inmediatamente castigados. Ni pueden tener ninguna esperanza de librarse mediante la fuga. Pues ¿cómo podría un hombre que en ninguna prenda de su vestido es como los demás fugarse oculta y secretamente a menos que huyera desnudo? Por otra parte al fugarse sería descubierto por el corte redondeado de su pelo y la marca de su oreja. Pero es dudoso que se concierten a una y conspiren contra la república. No, no, os lo garantizo. Pues el servidor de una sola demarcación nunca podría confiar en llevar a cabo tal empresa sin apelar, comprometer y convencer a los siervos de muchas otras demarcaciones para que tomaran parte, lo cual es para ellos del todo imposible porque no pueden hablar ni conversar juntos ni saludarse uno al otro. No, no cabe pensar que pudieran convencer a sus propios compatriotas ni compañeros en tal asunto cuando saben bien que sería un riesgo para el que lo aconsejara y una gran facilidad y beneficio para el que lo denunciara y descubriera. Mientras que por otra parte no hay ninguno de ellos completamente desahuciado o desesperado de recuperar de nuevo su anterior estado de libertad a base de humilde obediencia, de paciente conformidad y dando buenas muestras y seguridades de que después de esto siempre vivirá como hombre leal y honrado. Pues cada año se devuelve la libertad a varios de ellos por la recomendación de su paciencia.»

Después de hablar así, diciendo además que no veía motivo para que esta disposición no se tomara en Inglaterra con mucho más provecho que con la justicia que el letrado tan altamente había alabado, el letrado dijo: «No, esto no se podría establecer nunca en Inglaterra sin que necesariamente pusiera a la república en un gran riesgo e inseguridad.» Y conforme lo iba diciendo sacudía la cabeza y torcía el gesto y así se calló. Y todos los que estaban presentes estuvieron de consuno de acuerdo con su aserto. «Bien —dijo el cardenal—, sin embargo, sería difícil de juzgar sin una prueba si esta disposición sería aquí beneficiosa o no. Pero cuando se decide la sentencia de muerte, si el rey mandara que la ejecución fuera diferida y dispensada y quisiera intentar esta solución y práctica suprimiendo los derechos de asilo de todos los santuarios, si entonces la prueba manifestara que la cosa es buena y provechosa estaría bien que se instituyera; si no, las personas condenadas con la pena en suspenso podrían ser ejecutadas tan bien y justamente después de esta prueba como cuando fueron primeramente condenadas. Y entretanto no puede producirse ningún riesgo por esto. Más aún, me parece que pueden muy bien ser comprendidos en la misma disposición los vagabundos, contra los cuales hemos hecho hasta aquí tantas leyes y tan pocas han tenido éxito.» Cuando el cardenal hubo hablado así todo el mundo alabó mucho mis explicaciones que poco antes habían desaprobado, pero sobre todo se aceptó lo que se había dicho de los vagabundos porque era la adición del propio cardenal. No sé decir si sería mejor repetir la conversación que siguió ya que no fue muy seria. Pero de todos modos lo oiréis porque no hubo mal en ello y en parte pertenece a la materia antes mencionada. Ocurrió que había por allí cierto gorrón gracioso o burlón que parecía que imitara y representara a un bufón. Pero lo imitó de tal manera que era la viva imagen de lo que se proponía imitar y tan bien se las compuso para hacer gracia y mover a risa con palabras y expresiones tan traídas fuera de tiempo y lugar que se reían más a menudo de él que de sus chistes. Sin embargo el locuelo expuso de vez en cuando tan normales y razonables materias que convirtió en verdadero el proverbio que dice: «El que mucho dispara, al final da en el blanco.»[31] De modo que cuando uno de la compañía dijo que a través de mi relato se había encontrado una buena solución para los ladrones y que el cardenal también había resuelto bien el problema de los vagabundos, así, sólo quedaba que se tomara alguna buena provisión para los que a causa de la enfermedad y la edad habían caído en la pobreza y se veían tan impotentes y débiles que no eran capaces de ganarse la vida. «A ésos —dijo él— dejádmelos a mí, veréis cómo me las arreglo con ellos. Pues preferiría más que ningún bien que a esta clase de gente se la llevaran a alguna parte lejos de mi vista pues tan importunamente me han molestado, tanto y tan a menudo, cuando con sus lamentables lágrimas me han pedido dinero, y, sin embargo, nunca, que me acuerde, han sabido entonar la canción que les haga obtener de mí ni un ardite. Pues siempre han ocurrido una de estas dos cosas: o yo no quería o no podía porque no tenía. Por eso ahora ya son más listos, pues cuando ven que voy por allí, para no perder tiempo de su trabajo, me dejan pasar sin decirme palabra. Así no esperan nada de mí, realmente no más que si yo fuera un sacerdote o un

31 Origen en Cicerón, explicado por Erasmo en *Adagia*, 113: «*Si crebro jacias, aliud alias jeceris.*»

monje. Pero yo haré una ley para que todos estos mendigos se distribuyan y adscriban a los conventos. Los hombres se harán legos, que así los llaman, y las mujeres monjas.» A eso el cardenal se sonrió y lo dejó pasar como chiste, pero en verdad que todo el resto lo tomó muy en serio. Pero cierto fraile, doctor en teología, tomó tal placer y contento con este chiste de los sacerdotes y monjes que él también, aunque era por otra parte un hombre de gravedad seria y taciturna, empezó alegre y abiertamente a bromear y a chancearse. «No —dijo él—. No estaréis tan libre ni dispensado de mendigos a menos que dispongáis algo para nosotros los frailes.» «Pues claro —dijo el bromista—, esto ya está hecho, pues monseñor mismo estableció una muy buena solución para vosotros cuando decretó que los vagabundos fueran detenidos y mandados a trabajar; pues vosotros sois los mayores y más consumados vagabundos que existen.» Este chiste también, cuando vieron que el cardenal no lo desaprobaba, todo el mundo lo tomó alegremente con la única excepción del fraile. Pues él (y no es de maravillar) al ser así tocado en lo vivo y escamado, tanto protestó, echó pestes y se encolerizó y estaba con tal rabia que no pudo evitar reprender, reñir, prorrumpir en invectivas e injurias. Llamó al tipo, indecente, villano, despreciable, maldiciente, calumniador y el hijo de la perdición citando con ello terribles amenazas de la Sagrada Escritura. Entonces el burlón en broma empezó a hacer de burlón en serio y ciertamente era bueno en esto pues sabía representar un papel en aquella obra como nadie. «Apaciguaos, buen maese fraile —dijo—, y no os enfadéis pues la Escritura dice: En vuestra paciencia encontraréis la salvación.»[32] Entonces el fraile (pues repetiré sus mismas palabras) dijo: «No, impertinente desgraciado, no estoy enfadado o al menos no peco, pues el salmista dijo: Encolerízate y no peques.»[33] Entonces el cardenal habló suavemente al fraile y le rogó que se sosegara. «No, monseñor —dijo él—, yo no hablo más que por buen celo, como debo; pues los hombres venerables tienen un buen celo. Por eso se ha dicho: El celo de tu casa me ha consumido.[34] Y se canta en la iglesia. Los burladores de Eliseo, mientras él subía a la casa de Dios sintieron el celo del calvo[35] como posiblemente este indecente villano escarnecedor sentirá.» El cardenal dijo: «Vos lo hacéis tal vez con buena intención y sentimiento, pero me parece que deberíais obrar no sé si más santamente pero sin duda más cuerdamente si no pusierais vuestro ingenio a la altura del ingenio de un loco y con un loco entablar una loca disputa.» «Seguro que no, monseñor —dijo él—. No obraría más cuerdamente porque el sabio Salomón dice: "Contesta al loco de acuerdo con su locura",[36] tal como yo hago ahora mostrándole el abismo en que caerá si no se anda con cuidado. Pues si muchos escarnecedores de Eliseo que sólo era un hombre calvo sintieron el celo del

32 S. Lucas, 21,19.

33 *Salmos*, 4,5. Erasmo explica el versículo basándose en *Éfesos*, 4,26 en el sentido que la cólera debe ser breve y perdonar.

34 *Salmos*, 68,10.

35 El motivo bíblico está tomado directamente de los versos del himno *In resurrectione Domini* atribuido a Adam de S. Víctor.

36 *Proverbios*, 26,5.

calvo, ¿cuánto más no lo sentirá un escarnecedor de muchos frailes, entre los cuales hay muchos calvos? Y nosotros también tenemos las bulas papales por las cuales los que se burlan de nosotros y nos escarnecen son excomulgados, separados y malditos.» El cardenal, viendo que el asunto no tenía fin, mandó fuera al bufón con un gesto disimulado y desvió la conversación hacia otro asunto. Poco después, cuando se levantó de la mesa se fue a oír a sus solicitantes y así nos despidió. Ved, maese Moro, con qué historia tan larga y pesada os he entretenido, que seguramente debiera estar avergonzado de haber narrado pero que vos tan insistentemente me rogasteis y prestasteis oído de tal manera como si quisierais que ningún trozo de este relato se omitiese. Que aunque lo he abreviado un poco no tenía más opción que repetirla por la opinión de aquellos que cuando habían enmendado y desaprobado mis dichos, sin embargo, al oír que el cardenal los aprobaba, ellos también los aprobaron en seguida y le adulaban tan descaradamente que por cierto no se avergonzaban de tomar casi en serio del todo las locas invenciones de su bufón porque él mismo, al sonreírse con ellas no parecía desaprobarlas. O sea que por esto podéis percibir perfectamente bien lo poco en que los cortesanos me tendrían y estimarían a mí y a mis dichos.» «Os aseguro, maese Rafael —dije yo— que tuve gran deleite al escucharos, tan ingeniosa y placenteramente fueron expresadas todas las cosas que dijisteis. Y me pareció que yo mismo me encontraba a la sazón no sólo en casa, en mi país, sino además, a través del agradable recuerdo del cardenal en cuya casa fui criado de pequeño, que volvía a ser niño. Y amigo Rafael, aunque os apreciaba mucho antes, viendo que tan calurosamente apoyáis a este hombre, no creeréis lo mucho que mi amor hacia vos ha aumentado. Pero a pesar de todo no puedo cambiar de idea de ninguna manera sino que me veo obligado a creer que si vos estáis dispuesto y podéis convenceros de entrar en la corte de algún príncipe, ayudaréis grandemente con vuestros consejos y engrandeceréis la república. Por eso no hay nada más propio de vuestro deber, es decir, del deber de un hombre bueno. Pues visto que vuestro Platón juzga que las repúblicas conseguirán la felicidad perfecta por estos medios: o bien si los filósofos son reyes o bien si los reyes se entregan al estudio de la filosofía, ¿cuán lejos, os pregunto, estarán las repúblicas de esta felicidad si los filósofos no se dignan instruir a los reyes con sus buenos consejos?» «No son tan poco amables —dijo él— sino que de buen grado lo harían, más aún, muchos lo han hecho ya en libros que han publicado, si los reyes y príncipes desearan y se dispusieran a seguir de buen grado los buenos consejos. Pero Platón sin duda previó muy bien que si los mismos reyes no aplican su mente al estudio de la filosofía, nunca admitirán del todo el consejo de los filósofos estando ellos desde antes, incluso desde su tierna edad, infectados y corrompidos con opiniones perversas y malignas, cosa que Platón mismo demostró en el rey Dionisio.[37] Si

37 Cfr.: PLATÓN, *Epístolas*, espec. 7 y 8 y el *Dionisos* de Plutarco.

yo propusiera a cualquier rey decretos justos esforzándome en desterrar de su mente las perniciosas causas originales del vicio y del mal, ¿no pensáis que sin tardanza me despedirían o bien me convertirían en objeto de irrisión? Bien, suponed que estuviera con el rey francés[38] y formando parte de su consejo mientras en la más secreta consulta, en presencia del rey en persona, se devanan los sesos y remueven hasta el fondo de sus ingenios para discutir por qué mañas y medios el rey puede todavía conservar Milán y atraerse a la siempre esquiva Nápoles y después cómo conquistar a los venecianos y cómo poner bajo su jurisdicción a toda Italia, después cómo hacerse con el dominio de Flandes, Brabante y toda Borgoña, con otras diversas tierras cuyos reinos tenía intención y propósito de invadir desde mucho tiempo antes. Aquí, mientras uno aconseja ultimar una liga de paz con los venecianos que durará hasta que se considere adecuado y conveniente para sus propósitos, y hacerles miembros de su consejo, sí, y además ofrecerles parte del botín que después, cuando hayan conseguido la finalidad que se proponían, puedan requerir y reclamar de nuevo. Otro opina que es mejor alquilar a los germanos. Otro querría comprar el favor de los suizos con dinero. El consejo de otro es apaciguar el creciente poder de su majestad el emperador con oro, como más placentero y aceptable sacrificio. Mientras tanto otro aconseja hacer la paz con

38 Francisco I de Francia y su política italiana en conflicto con la de España podrían haber inspirado el tema que sigue.

el rey de Aragón[39] y devolverle su propio reino de Navarra en prenda de paz. Otro se sube por las ramas y aconseja tentar al rey de Castilla con alguna esperanza de matrimonio o alianza y atraer de su parte a ciertos grandes de su corte y a base de grandes pensiones. Mientras, se encuentran con la duda mayor de todas, qué hacer mientras tanto con Inglaterra a pesar de estar todos de acuerdo en hacer la paz con los ingleses y, con la mayor seguridad y fuertes lazos, estrechar aquella frágil y débil amistad para que puedan ser llamados amigos y tenidos en sospecha como enemigos. Y que por esto los escoceses han de tenerse a punto, como si estuvieran de guardia, preparados en toda ocasión y, en caso de que los ingleses se muevan un poco, echárselos inmediatamente encima. Y además privadamente y en secreto (pues no se puede hacer abiertamente por la tregua que se ha dispuesto), por eso digo que privadamente, sacar provecho de algún par de Inglaterra que esté desterrado de su país, quien debe reclamar su título a la corona del reino y afirmarse justo heredero de la misma[40] para que por estos sutiles medios ellos puedan sujetar al rey, en quien tienen poca fe y confianza. Aquí, digo, donde tan grandes e importantes materias están en consulta, donde tantos nobles y hombres sabios aconsejan a su rey sólo para la guerra, aquí, si yo, hombre inexperto, me levantara y qui-

39 Fernando el Católico conquistó Navarra cuando sólo era regente de Castilla.

40 Varias veces los países extranjeros habían apoyado a pretendientes o impostores: Lambert Simnel, Perkin Warbeck o Richard de la Pole. Compárese esta práctica con la de los utopienses en relación a los pueblos enemigos.

siera que pasaran a otra página y aprendieran una nueva lección, diciendo que mi consejo era no interferir con Italia sino permanecer quietos en casa y que el reino de Francia solo es casi más grande de lo que un único hombre puede gobernar bien, o sea que el rey no necesita estudiar cómo obtener más, y entonces les propusiera los decretos de la gente a quienes llaman acorianos[41] quienes están situados enfrente de la isla de Utopía al sudeste. Estos acorianos una vez hicieron la guerra a causa de la disputa de su rey para obtener otro reino que reclamaba y de cuya corona se declaraba justo heredero en virtud de una antigua alianza. Al final, cuando lo habían conseguido y vieron que tenían tantas humillaciones y problemas manteniéndolo como habían tenido conquistándolo, y que tanto sus nuevamente conquistados súbditos por diversas ocasiones estaban haciendo insurrecciones diarias para rebelarse contra ellos, como que los demás países les invadían continuamente con varias incursiones y correrías de modo que siempre estaban luchando por ellos o contra ellos y nunca podían levantar sus campos; viéndose ellos entretanto saqueados y empobrecidos, su dinero sacado fuera del reino, sus propios hombres muertos para sostener la gloria de otra nación: cuando no tenían guerra, les parecía mejor la guerra que la paz por razón de que su gente en la gue-

41 De ἄλωρος, «sin tierra o región», por tanto inexistentes. Según la teoría que identifica en algunos puntos Utopía con Inglaterra, la situación de los acorianos podría compararse con la de Francia y sus pretensiones italianas de las que se han rastreado paralelismos en la narración que sigue.

rra se había habituado a costumbres corrompidas y malvadas, había tomado deleite y placer en asaltar y robar, a causa de las matanzas había adquirido descaro para el mal, sus leyes se despreciaban y no respetaban ni miraban nada; su rey, turbado por el peso y gobierno de dos reinos, no podía ni era capaz de ejercer perfectamente su cargo en los dos; viendo además que todos estos males y problemas no tenían fin, al final se pusieron de acuerdo todos y como fieles y amantes vasallos ofrecieron a su rey la libre elección y libertad de conservar uno de los dos reinos, el que quisiera, alegando que no podía conservar los dos y que era más de lo que podía ser gobernado por medio rey, de la misma manera que a nadie satisfaría tomar un mozo de mulas que estuviera al cuidado de las mulas de otro hombre además de al de las suyas. Así este buen príncipe se vio forzado a contentarse con su antiguo reino y a entregar el nuevo a uno de sus amigos quien poco después fue violentamente expulsado. Si por añadidura yo les declarara que todos sus diligentes preparativos para la guerra, por la cual tantas naciones serían llevadas por su causa a un inquietante desorden cuando sus cofres estuvieran vacíos, gastados sus tesoros y su pueblo destruido, al final por algún infortunio sería en vano y de ningún efecto y que, por lo tanto, sería mejor que se conformase con su propio reino de Francia, como sus antepasados y predecesores hicieron antes que él: ensalzarlo, enriquecerlo y hacerlo tan floreciente como pudiera, esforzarse en amar a sus súbditos y, a cambio, ser amado por ellos, vivir con ellos de buen grado, gobernarles pacíficamente y no interferir con otros reinos viendo que el que tiene es ya bastante para él, sí, y más de lo que puede abarcar bien; este consejo mío, maese Moro, ¿cómo creéis que se escucharía y tomaría?» «Así Dios me ayude, no muy agradecidamente», dije yo. «Sigamos pues —dijo él—. Suponed que algún rey y su consejo estuvieran juntos devanándose los sesos y planificando las sutiles artimañas que podían inventar para enriquecer el reino con grandes tesoros de dinero. Primero uno aconseja aumentar y subir el valor de la moneda cuando el rey debe pagar y, en cambio, rebajar el valor de la moneda a menos de lo que vale cuando ha de percibir o recoger alguna. Pues así se pagarán grandes sumas con poco dinero y donde se debe poco se recibirá mucho. Otro aconseja fingir la guerra para que cuando bajo este color y pretexto el rey haya reunido gran abundancia de dinero pueda, cuando le plazca, hacer la paz con gran solemnidad y ceremonias religiosas para tapar los ojos de la pobre comunidad, como si tuviera auténtica compasión y piedad de la sangre humana, como un príncipe amante y piadoso. Otro recuerda al príncipe ciertas leyes viejas y apolilladas que en largo tiempo no se han puesto en vigor, y como nadie puede recordar que se hicieron, todos las han transgredido. Aconseja al rey que reclame las multas de estas leyes pues no hay camino más provechoso ni más honorable que el que tiene una apariencia y color de justicia. Otro le recomienda que prohíba muchas cosas bajo penas de grandes castigos y multas, especialmente las que no aprovechan al pueblo para después eximir mediante el pago de dinero a los que por esta prohibición sobrevenga pérdida y perjuicio. Pues por este medio el favor del pueblo está ganado y el beneficio aumenta de dos maneras. Primero obteniendo fianzas de aquellos a quienes la codicia de la ganancia haya llevado a transgredir la disposición y además vendiendo privilegios y licencias que cuanto más bueno es el príncipe, más caras realmente las vende, como si aborreciera otorgar a un particular cualquier cosa que vaya contra los intereses de su pueblo. Y por eso no puede vender ninguno si no es a un precio extraordinariamente caro. Otro aconseja al rey poner en peligro de su gracia a los jueces del reino para que siempre los pueda tener de su lado y para que en todos los pleitos disputen y razonen a favor del derecho real. Sí, y después llamarles a su palacio y requerirles para que argumenten y discutan los asuntos en su presencia. Así ninguno de sus intereses será tan abiertamente malo e injusto como para que uno u otro, o bien porque tendrá alguna cosa que alegar y objetar o porque tenga vergüenza de decir lo que ya se ha dicho o bien para obtener el agradecimiento de su príncipe, no le encuentre algún entresijo abierto donde poner el cepo con el cual coger a la parte contraria en un tropiezo. Así, mientras los jueces no pueden ponerse de acuerdo entre ellos, razonando y argumentando sobre lo que está bastante claro y poniendo en duda la verdad manifiesta, mientras tanto el rey puede encontrar un pretexto adecuado para interpretar la ley según le beneficie más, con lo cual todos los demás estarán de acuerdo por vergüenza o por miedo. Entonces los jueces pueden pronunciarse abiertamente del lado del rey. Pues al que otorga sentencia a favor del rey no le faltan buenas excusas, ya que será suficiente para él que la justicia esté de su parte, o la letra vacía de la ley, o una torcida y complicada interpretación de la misma o (lo que con los jueces buenos y justos es de mayor fuerza que todas las leyes) la indiscutible prerrogativa real. Para concluir, todos los consejeros están de acuerdo y afirman con el rico Craso que no hay abundancia de oro que pueda ser suficiente para un príncipe que debe sostener y mantener un ejército; más aún, que un rey, aunque quisiera, no puede hacer nada injustamente pues todo lo que los hombres tienen, e incluso los mismos hombres, es todo suyo y que cada hombre tiene algo de su propiedad en la medida que la generosidad del rey no se lo ha arrebatado y que redundará en mayor provecho de los reyes que sus súbditos tengan muy poco o nada de su propiedad por cuanto la seguridad de aquéllos reside en que su pueblo no se desenfrene ni se enriquezca con tantas riquezas y libertad porque donde existen estas cosas los hombres no acostumbran a obedecer pacientemente las órdenes duras, injustas e ilegales, mientras que en cambio la necesidad y la pobreza apaciguan y someten a los ánimos fuertes y los hacen forzosamente pacientes quitándoles las ganas de atrevimiento y rebeldía. De nuevo aquí, si yo me levantara y decididamente afirmara que todos estos consejos son una deshonra y una vergüenza para el rey cuyo honor y seguridad se apoyan y sostienen más y preferentemente en el bienestar y en la riqueza del pueblo que en sus propios tesoros, y si declarara que la comunidad eligió a su rey para su propio bien y no para el de él, con la intención de que con su trabajo y estudio pudieran vivir todos acomodadamente a salvo de injusticias y ofensas y que por tanto el rey debería cuidar más del bienestar de su pueblo que del suyo propio de la misma manera que el oficio y deber de un pastor es que sea pastor, para alimentar a sus ovejas más que a sí mismo pues en lo tocante a lo que ellos piensan, que la defensa y mantenimiento de la paz consiste en la pobreza del pueblo, la cosa en sí misma muestra que andan muy desencaminados. Pues ¿dónde encontrará un hombre más riñas, disputas, reyertas y desacuerdos que entre los mendigos? ¿Quién está más deseoso de nuevos cambios y alteraciones que los que no están contentos con la actual situación de sus vidas? O finalmente, ¿quién está más abiertamente decidido a convertirlo todo en un desorden (del cual espera obtener alguna ganancia) que los que no tienen nada que perder? Y si algún rey fuera tan poco considerado y tan superficialmente estimado, mejor dicho, tan odiado por sus súbditos que no tuviera otra manera de atemorizarlos que a base de manifiestas injusticias, de esquilmarles y afeitarles y de arrastrarles a la mendicidad, seguramente sería mejor para él que abandonara su reino que conservarlo por estos medios, por los cuales, aunque se conserve el nombre de rey se pierde la majestad. Pues va contra la dignidad de un rey gobernar sobre mendigos más que sobre hombres ricos y acomodados. De esta opinión era el valiente y animoso Fabricio cuando decía que prefería gobernar sobre ricos que ser rico él.[42] Y verdaderamente, que un hombre viva en el placer y en la riqueza mientras todos los demás lloran y sufren las consecuencias, esto es el papel no de un rey sino de un carcelero. Para resumir, así como está loco el médico que no puede curar la enfermedad de su paciente sin provocarle otra enfermedad, así el que no puede encaminar las vidas de sus súbditos más que arrebatándoles las riquezas y comodidades de la vida, no tiene más remedio que aceptar que desconoce el arte de gobernar personas. Que arregle su propia vida, que renuncie a los placeres deshonestos y se desprenda del orgullo, pues estos son los vicios capitales que causan el que incurra en el desprecio u odio de su pueblo. Que viva de lo suyo sin perjudicar a nadie, que no gaste más de lo que puede, que refrene la maldad, que prevenga los vicios y aparte las ocasiones de delito dirigiendo bien a sus súbditos y no permitiendo que aumente la maldad para castigarla después, que no se apresure tanto en resucitar leyes que la costumbre ha abolido, especialmente las que llevan largo tiempo olvidadas y nunca echadas de menos ni necesitadas y que nunca, so capa y pretexto de transgresión, imponga multas y fianzas que ningún juez toleraría que impusiera ningún particular por injustas y llenas de artimañas. Aquí si sacara a relucir

42 Tema renacentista que arranca de Cicerón *De Rep.*, 3,28.

la ley de los macarienses,[43] que no están a mucha distancia de Utopía, cuyo rey el día de su coronación es requerido bajo solemne juramento a no tener en ninguna circunstancia más de mil libras de oro o plata en su tesoro: Dicen que un rey muy bueno que procuraba más por la riqueza y bienestar de su país que por el propio enriquecimiento instituyó esta ley para que fuera un tope y barrera a los reyes para amontonar y atesorar tanto dinero que empobrecieran a su pueblo. Pues previó que esta cuantía del tesoro sería suficiente para ayudar al rey en batalla contra su propio pueblo si ocurría que ellos se rebelaran, y también para sostener las guerras contra las invasiones de sus enemigos extranjeros. Además percibió que esta reserva de dinero era demasiado pequeña e insuficiente para animarle y permitirle apoderarse injustamente de los bienes de otros hombres, que era la principal razón por la que se hizo la ley. Otra causa era esta: Pensó que con esta precaución su pueblo no carecería de dinero con el que sostener sus diarias ocupaciones y transacciones. Y viendo que el rey no tenía más elección que emplear y distribuir todo lo que sobraba de la suma prevista en sus reservas, pensó que no buscaría ocasiones de abusar de sus súbditos. Un rey así ha de ser temido por los malvados y amado por los buenos. Estas y otras informaciones análogas, si las utilizara entre hombres completamente inclinados y dados a la parte contraria, ¿cuántos sordos pensáis que encontraría?» «Oyentes sor-

43 De μάχαρ, «sagrado», «feliz».

dos, sin duda —dije yo—, y a fe que no me maravilla. Y para seros sincero, verdaderamente no puedo admitir que tales conversaciones tengan lugar o se dé tal consejo porque podéis estar seguro de que nunca se observarán ni aceptarán. Pues ¿cómo pueden ser provechosas tan extrañas informaciones o cómo puede metérseles en la cabeza a aquellos cuyas mentes están ya predispuestas por convicciones claramente contrarias? Estos escolasticismos no están mal entre amigos en conversación familiar, pero en los Consejos de los reyes donde se debaten y razonan materias importantes con gran autoridad, estas cosas no tienen lugar.» «Esto es lo que quise dar a entender —replicó— cuando dije que la filosofía no tenía un lugar entre los reyes.» «Realmente —dije yo— esta filosofía escolar que piensa que toda cosa es conveniente en toda ocasión, no. Pero hay otra filosofía más práctica que sabe, por así decirlo, el teatro en que se halla y por esto organizándose y actuando de acuerdo con la obra que tiene en las manos, representa su papel con propiedad, sin manifestar nada fuera del orden y tono debidos. Y esta es la filosofía que debéis usar. De otro modo, mientras se representa una comedia de Plauto y los bajos esclavos se chancean y divierten entre ellos, si de repente salierais al escenario vestido de filósofo e interpretarais la parte de Octavia en la que Séneca discute con Nerón. ¿No hubiera sido mejor para vos que hubierais hecho de personaje mudo que, representando aquello que no era adecuado al tiempo ni al lugar, haber hecho una tragicomedia o una mescolanza? Pues introduciendo otra materia que no pertenece al asunto actual no podréis hacer más que estropear y corromper la obra que tenéis en vuestras manos, aunque la materia que aportéis sea mucho mejor. Cualquier papel que hayáis elegido, representadlo tan bien como podáis y sacad el mayor partido posible. Y por esto no estorbéis ni desorganicéis todo el asunto porque otro que es mejor y más sustancioso acuda a vuestra memoria. Este es el caso en una república y lo es en los Consejos de los reyes y príncipes. Si las opiniones malignas y las convicciones perversas no pueden ser plena y completamente arrancadas de sus corazones, si no podéis remediar como quisierais los vicios que el uso y la costumbre ha ratificado, a pesar de ello no debéis dejar y abandonar a la república, no debéis abandonar el barco en una tempestad porque no podáis gobernar y amainar los vientos. No, ni debéis esforzaros en meter en sus cabezas nuevas y extrañas informaciones que sabéis bien no serán apreciadas entre los que son de opiniones claramente opuestas sino que debéis, con estratagemas sutiles y métodos ingeniosos, estudiar y esforzaros para que, en lo que a vos concierne, tratéis el asunto hábil y proporcionadamente para vuestro propósito, y que lo que no podáis hacer lo dispongáis de tal manera que no sea demasiado malo.[44] Pues no es posible que todas las cosas estén bien a menos que todos los hombres sean buenos, cosa que no creo que ocurra aún

44 Según el proverbio latino *«minima de malis»* cit. por Cicerón. Santo Tomás de Aquino dice del principio moral: *«eligere oportet, illud potissime eligendum est, ex quo sequitur minus malum»*, *Reg. prin.*, 1,5.

en muchos años.» «Por este medio —dijo él— no puede ocurrir más que, mientras yo voy por ahí para remediar la locura de los demás, me haga tan loco como ellos. Pues si quiero decir cosas que son verdad, tengo que decirlas. En cuanto a si decir cosas falsas es propio de un filósofo o no, no puedo decirlo; ciertamente no es mi papel. Aunque esta explicación mía si bien por azar les puede parecer desagradable, no puedo ver por qué habría de parecer extraña o extravagantemente novedosa. Si les contara las cosas que Platón encontró en su república o los utopienses hacen en la suya, aunque fueran mejores, y por cierto lo son, a pesar de todo podrían parecer dichas fuera de lugar, puesto que aquí entre nosotros todo hombre tiene varias posesiones para él solo y allí todas las cosas son comunes.[45] Pero ¿qué contenido hay en mi relato que no pueda ni deba decirse en ningún lugar? Salvo que para aquellos que se han decidido y determinado del todo a seguir directamente el camino opuesto, esto no pueda ser aceptable ni agradable porque les desautoriza y les muestra los fallos. Verdaderamente si todas las cosas que las costumbres malas y viciosas han hecho que parezcan inconvenientes y perjudiciales tuvieran que rechazarse como cosas impropias y censurables, entonces es que nosotros los cristianos apartamos la vista de la mayoría de cosas que Cristo nos enseñó y de las que tan directamente prohibió que nos desviáramos, pues estas

45 Erasmo considera que es Aristóteles y no Cristo quien ha instituido la propiedad privada (*Adag.*, 3.001).

cosas que susurró al oído de sus discípulos mandó que fueran proclamadas a puertas abiertas.[46] Y sin embargo la mayor parte de ellas son más incompatibles con las costumbres del mundo actual que lo fue mi narración. Pero los predicadores, gente astuta y sagaz, siguiendo vuestro consejo, supongo, ya que veían que los hombres mal se avenían a conformar sus costumbres con la ley de Cristo, han retorcido y desviado su doctrina y, como una regla de plomo, la han adecuado a las costumbres de los hombres para que de alguna manera puedan ponerse un mínimo de acuerdo. No veo el bien que han hecho con esto aparte de que los hombres puedan obrar mal con más impunidad. Y verdaderamente yo tampoco tendría ninguna influencia en los consejos de los reyes, pues o bien debería decir cosas distintas de las que dicen ellos y entonces sería igual que si no dijera nada o debería decir lo mismo que ellos y (como Micio dice en Terencio)[47] ayudar a propagar su locura. Pues no puedo percibir qué propósito sirven aquella hábil astucia y sutiles razonamientos vuestros, en los cuales quisierais que yo me instruyera y esforzara: si todas las cosas no pueden perfeccionarse, al menos manejarlas ingeniosa y liberalmente con el propósito de que en la medida que sea posible no puedan ser muy malas. En ello no hay lugar para el disimulo ni el pasarlo por alto: Se han de aceptar abiertamente los malos consejos y deben aprobarse los más

46 S. Mat., 10,27.
47 *Adelphi*, I,2,145-147.

pestilentes decretos. Será tenido por peor que un espía, en realidad casi tan malo como un traidor, el que alabe con reservas los decretos dañinos y perjudiciales. Además un hombre no puede tener ocasión de hacer el bien arriesgándose en compañía de los que pervertirán a un hombre bueno antes de hacerse buenos ellos y a través de su mala compañía se desviará o bien si se conserva bueno e inocente se le imputará y se le echará en cara la maldad y locura de los otros. O sea que con esta ingeniosa astucia y sutiles razonamientos es imposible mejorar ninguna cosa. Por eso Platón con una buena comparación explica por qué los hombres sabios evitan mezclarse en el gobierno porque cuando ven a la gente pulular por las calles y calarse diariamente hasta los huesos con la lluvia y a pesar de todo no les puede persuadir de que se protejan de la lluvia y vayan a sus casas, sabiendo bien que si fueran hacia ellos no les convencerían ni ganarían nada, aparte de mojarse tanto como ellos bajo la lluvia, se quedan en sus casas, contentos, de estar a salvo, al ver que no pueden remediar la locura de la gente.[48] De la misma manera es indudable, maese Moro (para hablar sinceramente según mi mente me dicta) que donde las propiedades son privadas, donde todo el peso se apoya en el dinero, es difícil y casi imposible que la república pueda ser gobernada justamente y florezca en la prosperidad, a menos que penséis así: que se hace justicia donde todas las cosas van a parar a manos de hombres

48 *República*, 6,496D-E.

malos o que florece la propiedad donde todo está repartido entre unos pocos, los cuales no cabe duda de que viven sus vidas muy acomodadamente y el resto vive miserable, desgraciadamente y en la mendicidad. Por eso, cuando considero conmigo mismo y peso en mi mente las sabias y buenas disposiciones de los utopienses entre los cuales, con muy pocas leyes, todas las cosas están tan bien y convenientemente dispuestas que la virtud es tenida en valor y estima y además, como todas las cosas son comunes, tienen abundancia de todo. Por otra parte, cuando comparo con ellos tantas naciones que siempre andan haciendo nuevas leyes sin que ninguna esté completa y suficientemente provista de leyes, donde cada hombre llama a lo que ha obtenido sus bienes propios y privados, donde tantas leyes diariamente creadas no son suficientes para que cada hombre disfrute, defienda y distinga de otro hombre lo que él llama suyo, cosa que las infinitas controversias de la ley que cada día surgen para nunca terminar declaran claramente ser verdadera, estas cosas, digo, cuando las considero entre mí estoy de acuerdo con Platón y no me maravillo nada de que él no quisiera hacer leyes para los que rechazaban aquellas por las cuales todos los hombres debían gozar y tener igual porción de riqueza y comodidades. Pues el sabio fácilmente previó que este era el solo y único camino para el bien de una comunidad si se debía aportar y establecer la igualdad de las cosas, lo cual creo que no puede ser observado donde los bienes de cada hombre son propios y peculiares suyos. Pues donde cada hombre so pretexto de ciertos títulos y pretensiones recoge y arrambla para él con todo lo que puede de modo que unos pocos se reparten todas las riquezas, nunca hay abundancia ni reservas y se deja al resto sólo la carencia y la pobreza. Y en la mayoría de casos ocurre que esta última clase es más digna de disfrutar aquel estado de riqueza que lo son los otros, porque los ricos son codiciosos, arteros e inútiles; en cambio los pobres son humildes, sencillos y con su labor diaria, más provechosos para la república que para sí mismos. Así estoy completamente persuadido de que no puede hacerse ninguna distribución equitativa y justa de las cosas y de que aquella perfecta plenitud no existirá nunca entre los hombres a menos que esta propiedad sea proscrita y prohibida. Pero tanto como siga, tanto permanecerá entre la mayor y mejor parte de los hombres la pesada e inevitable carga de la pobreza y de la miseria que así como concedo que puede mejorarse algo niego completamente que pueda erradicarse del todo. Pues si se creara una legislación por la que ningún hombre pudiera poseer más de una determinada medida de tierra y que nadie tuviera en sus bienes más de la suma de dinero prescrita y asignada, si se decretara mediante ciertas leyes que ni el rey tuviera demasiado poder ni el pueblo fuera demasiado elevado ni rico, y que los cargos no se obtuvieran por solicitud irregular o por sobornos y regalos, que no pudieran ser comprados ni vendidos ni que fuera preciso que los funcionarios estuvieran en sus cargos a toda costa y a cualquier precio, pues así se les da ocasión de amontonar su dinero de nuevo por medio de fraude y rapiña y de que con motivo de regalos y sobornos se den a los ricos los cargos que mejor hubieran sido desempeñados por hombres sabios, por tales leyes, digo, así como los cuerpos enfermos que están desahuciados y sin posibilidad de cura suelen con buenos cuidados continuos ser conservados y remendados por un tiempo así estos males también pueden ser aliviados y mitigados, pero que se puedan curar del todo y llegar a estar buenos y sanos no se puede esperar mientras cada hombre sea dueño absoluto de lo suyo. En efecto, y mientras vais por ahí a hacer vuestra cura en una parte, haréis más grande la herida en otra, así la ayuda a uno causa el perjuicio de otro por cuanto no se puede dar nada a uno que no se quite de otro.» «Pero yo soy de contraria opinión —dije yo—, pues me parece que los hombres nunca vivirán en la abundancia allí donde todas las cosas son comunes, pues ¿cómo puede haber abundancia de bienes o de cualquier cosa donde cada hombre retrae su mano del trabajo? A este el estímulo de sus propias ganancias no le impulsa a trabajar, sino que la esperanza que tiene en el trabajo de otros hombres le convierte en un holgazán. Entonces, cuando estén atormentados por la pobreza y sin embargo ningún hombre pueda defender para sí con ninguna ley ni derecho aquello que ha obtenido mediante la labor de sus propias manos, ¿no habrá por necesidad continuas sediciones y matanzas? Especialmente si falta la autoridad y el respeto a los magistrados, el lugar que pueda haber para hombres entre los cuales no existe ninguna diferencia es algo que no puedo imaginar.» «No me maravilla —dijo él— que seáis de esta opinión porque vos no concebís en vuestra mente ninguna imagen ni nada parecido en absoluto a esta cosa o tenéis una idea muy falsa. Pero si hubierais estado conmigo en Utopía y hubierais visto de hecho sus costumbres y leyes como yo que viví allí más de cinco años y no hubiera venido nunca de allí sino sólo para dar a conocer aquí aquella nueva tierra, entonces sin duda reconoceríais que nunca visteis pueblo bien organizado sino allí.» «Seguramente —dijo maese Peter— será difícil que me hagáis creer que hay mejor orden en aquella nueva tierra que el que hay aquí en estos países que conocemos. Pues buenos ingenios los hay tanto aquí como allí, y creo que nuestros estados son más antiguos que los suyos y en estos el largo uso y experiencia ha descubierto muchas cosas agradables para la vida de los hombres además de muchas cosas aquí entre nosotros que han sido descubiertas por azar y que ningún ingenio hubiera nunca podido imaginar.» «En lo referente a la antigüedad —dijo él— de las repúblicas, juzgaríais mejor si hubierais leído las historias y crónicas de aquel país donde, si lo podemos creer, había ciudades antes que aquí hubiera hombres. Ahora, cualquier cosa que hasta el presente se haya ideado por el ingenio o descubierto por casualidad se puede dar tanto allí como aquí. Pero estoy convencido de que aunque fuera verdad que los superáramos en ingenio, nos superan en mucho en estudio, trabajo y en esforzada dedicación. Pues según atestiguan sus crónicas, antes de nuestra llegada allí nunca oyeron hablar de nosotros a quienes ellos llaman los ultraequinocciales salvo una vez hace unos mil doscientos años que cierto navío naufragó en la isla de Utopía arrastrado allí por la tempestad. Ciertos romanos y egipcios fueron empujados a tierra, los cuales, después de esto, nunca salieron de allí. Considerad ahora el provecho que obtuvieron de esta única ocasión a través de la diligencia y el trabajo responsable. No hubo en el imperio de Roma arte ni ciencia del que se pudiera sacar algún provecho que no aprendieran de esos extranjeros o que, aprovechando la ocasión, no lo descubrieran. De tan gran beneficio fue para ellos que alguien llegara allá desde aquí. Pero si alguna oportunidad análoga antes de esta ha traído a algún hombre de allí hasta aquí, se ha perdido tanto el recuerdo de ello como tal vez en tiempos venideros se olvidará que yo estuviera nunca aquí. Y así como ellos rápidamente, casi al primer encuentro, hicieron suyo todo lo que nosotros hemos inventado de bueno, supongo que pasaría mucho tiempo antes de que aceptáramos cualquier cosa que entre ellos está mejor establecida que entre nosotros. Y esta es, supongo, la causa principal por la cual sus repúblicas están más sabiamente gobernadas y florecen con más riqueza que las nuestras aunque nosotros ni en ingenio ni en riquezas seamos sus inferiores.»

«Por esto, amable maese Rafael —dije yo—, os ruego y os suplico que nos describáis la isla. Y no os preocupéis de ser breve sino de describir largamente en orden sus campos, sus ríos, sus ciudades, sus gentes, sus costumbres, sus decretos, sus leyes y, en resumen, todas las cosas que penséis que deseamos conocer. Y podéis creer que estamos deseosos de saber cualquier cosa que no sepamos todavía.» «No hay nada —dijo él— que haga con mayor agrado, ya que tengo frescas todas estas cosas en mi mente. Pero el asunto requiere tiempo libre.» «Pues entremos —dije yo— a comer, después le dedicaremos el tiempo que nos plazca.» «Perfectamente», dijo él. Así entramos a comer. Cuando el almuerzo había terminado volvimos al mismo lugar y nos sentamos en el mismo banco ordenando a nuestros criados que nadie nos molestara. Entonces yo y maese Peter Giles rogamos a maese Rafael que cumpliera su promesa. Así pues, viéndonos deseosos y bien dispuestos a escucharle, después de estar sentado un momento en silencio y tras un momento de pausa, meditando y pensando, empezó a hablar así:

Fin del libro primero

Libro segundo de La relación de Rafael Hythloday

Referente al mejor estado de una república con la descripción de Utopía y una extensa exposición del gobierno político y de todas las buenas leyes y ordenanzas de dicha isla.

I. *Descripción de la isla*

La isla de Utopía tiene una anchura de trescientos veinte kilómetros en su parte media (que es la más ancha). Esta anchura continúa por la mayor parte del suelo salvo que poco a poco se adentra y estrecha hacia ambos extremos. El perímetro, con un circuito o ruedo de ochocientos kilómetros conforma toda la isla como una luna nueva. Entre estos dos cuernos penetra el mar, que los separa en una distancia de dieciocho kilómetros aproximadamente y allí se extiende en un vasto y ancho mar que por razón de que la tierra a ambos lados le circunda y protege de los vientos no es encrespado ni invadido por grandes olas sino que fluye casi sin moverse, no muy distinto de un gran lago y convierte casi todo el espacio dentro del cinturón de tierra en una especie de puerto y, para gran beneficio de los habitantes, recibe barcos en todas direcciones. Los frentes o límites de los dos extremos, en parte por los vados y bajíos y en parte por las rocas, son muy arriesgados y peligrosos. A media distancia entre ambos sale por encima del agua una gran roca que no ofrece peligro porque está a la vista. En la cima de esta roca se levanta una bella y fuerte torre que defienden con una guarnición. Otras rocas que hay por allí están escondidas bajo el agua y por esto son peligrosas. Sólo ellos conocen los pasos y por eso es raro que ningún extraño, a menos que vaya guiado por un utopiense, pueda llegar a este puerto. E incluso ellos apenas podrían entrar sin riesgo si su camino no fuera indicado y dirigido por ciertos puntos destacados que están en la costa. Cambiando, trasladando y quitando estas señales de sitio, podrían destruir las escuadras de sus enemigos por abundantes que fueran. El lado de fuera o circuito externo del territorio está también lleno de puertos, pero el embarcadero está tan seguramente resguardado, parte por la naturaleza, parte por trabajo de mano del hombre, que unos pocos defensores podrían rechazar muchos ejércitos. Sin embargo, como ellos dicen y como la misma forma del lugar muestra parcialmente, no estuvo siempre rodeada por el mar. Pero el rey Utopo,[49] cuyo nombre, como de su conquistador, lleva la isla (pues antes de su reinado se llamaba Abraxa),[50] quien además condujo al pue-

49 De οὐ «no» y τόπος «lugar». Rey de ninguna parte como Utopía es un lugar en ninguna parte. Posible juego con εὖ «bueno». «feliz», en cuyo caso insinuaría también la idea de lugar feliz.

50 El nombre completo sería Abraxas. Según el valor numeral de las letras griegas: $\alpha = 1, \beta = 2, \rho = 100, \alpha = 1, \xi = 60, \alpha = 1, \zeta = 200$, forma un conjunto de 365,

blo rústico y salvaje a la excelente perfección de todas las buenas costumbres, humanitarismo y civilización en que superan actualmente a todas las gentes del mundo, ya desde su primera llegada y entrada en el país después de obtener su victoria hizo que se cortara y excavara un espacio de veinticuatro kilómetros de terreno elevado por donde el mar no tenía paso. Y así hizo que el mar rodeara por completo la tierra. Puso en este trabajo no sólo a los indígenas de la isla sino también (para que ellos no creyeran que se hacía como afrenta y provocación) a todos sus propios soldados. Así, al dividir el trabajo entre tan gran número de trabajadores se llevó a cabo con una rapidez extraordinaria en grado sumo, de tal manera que los pueblos fronterizos que al principio empezaron a bromear y a burlarse de esta vana empresa convirtieron su irrisión en sorpresa y temor ante el éxito. Hay en la isla cincuenta y cuatro amplias y bellas ciudades o capitales de demarcación,[51] todas de una misma lengua y de costumbres, instituciones y leyes parecidas. Están todas colocadas y situadas del mismo modo y estructuradas de manera análoga en todos los puntos en la medida que el lugar o el suelo lo permiten. De estas ciudades, las que se encuentran más cerca entre sí están a treinta y ocho millas de dis-

---

número de los cielos postulados por el heresiarca Basílides. Dio este nombre a la más alta esfera celeste o al supremo poder por el que se engendran los demás dioses. Erasmo se refiere a ello en varias ocasiones. Moro usa la palabra no tanto para designar que se trata del cielo en la tierra como para subrayar su carácter mítico puesto que no tiene mayor existencia que la Abraxas de Basílides.

51 Se trata de ciudades-estado confederadas. El número de 54, indica Lupton, coincidiría con los condados ingleses de la época, incluyendo a Londres como uno más.

tancia. Por otra parte no hay ninguna de ellas que diste de la próxima más de un día de viaje a pie. De cada ciudad llegan anualmente a Amaurota[52] tres sabios ancianos y muy experimentados para tratar y debatir allá las materias comunes de la isla. Pues esta ciudad (puesto que está situada justamente en el centro de la isla y es por tanto la más adecuada para los representantes de todas las partes del reino) se considera la ciudad principal y capital. Los límites y fronteras de las demarcaciones están tan bien señalados y claros para las ciudades que ninguna de ellas tiene por ningún lado menos de treinta y dos kilómetros de terreno[53] y por alguno incluso mucho más como las de aquella parte en que las ciudades se encuentran separadas a mayor distancia. Ninguna de estas ciudades desea extender las fronteras y límites de sus demarcaciones pues se consideran más bien los trabajadores que los poseedores de sus tierras. Han construido en el campo, en todas las partes de la demarcación, casas o granjas bien situadas y provistas de toda clase de instrumentos y herramientas propias de la agricultura. Estas casas son habitadas por los ciudadanos que van a vivir allí por turnos. Ningún caserío o granja del campo consta de menos de cuarenta personas entre hombres y mujeres, además de dos esclavos, todos los cuales están a disposición y a las órdenes del cabeza de familia y de su esposa, siendo ambos personas muy inteli-

52 De ἀμαυρός, «oscuro». Se trataría de una ciudad en sombras. un espejismo.

53 Las veinte millas arrancan de la ed. latina de 1518. Parece que sería mejor la lectura de la ed. de 1516, donde indica doce, que concordaría con las veinticuatro millas dadas antes.

gentes, discretas y ancianas. Y cada treinta granjas o familias tienen un jefe supremo que se llama filarca,[54] que es como si dijéramos un alcalde. De cada una de estas familias o granjas van cada año a la ciudad veinte personas que han estado previamente dos años seguidos en el campo. En su lugar, el mismo número de repuesto es enviado de la ciudad, los cuales serán instruidos y enseñados por los que ya han estado allí un año y son por tanto expertos y hábiles en las tareas del campo. Y ellos enseñarán a otros el año siguiente. Este orden se usa por miedo de que la escasez de víveres o alguna otra incomodidad análoga pudiera producirse por falta de conocimientos si todos fueran nuevos y recién llegados e inexpertos en las tareas del campo. Esta manera y costumbre de cambiar y renovar anualmente a los que se ocupan con la agricultura, aunque se usa como norma y regularmente con el propósito de que nadie se vea forzado contra su voluntad a continuar más tiempo en aquella dura y pesada forma de vida, sin embargo muchos toman tal placer y deleite en las tareas del campo que obtienen un mayor número de años. Estos campesinos aran y cultivan la tierra y crían ganado y proporcionan y cortan leña que transportan a la ciudad por tierra o por mar según les resulta más conveniente. Crían una gran cantidad de pollos y esto mediante un maravilloso sistema. Pues las gallinas no empollan los huevos sino que ellos, manteniéndolos a la misma temperatura deter-

54 De φύλαρχος, «cabeza de tribu». Irónicamente podría significar «aficionado al poder», pero el hombre ambicioso no tiene lugar en Utopía.

minada, los hacen nacer y los incuban.[55] Los pollos, en cuanto salen de la cáscara, siguen a los hombres y mujeres en vez de a las gallinas. Crían muy pocos caballos, unos cuantos, pero muy fogosos, y esto sin más uso ni propósito que ejercitar a su juventud en la monta y en hechos de armas. Pues los bueyes se dedican a todo el trabajo de labranza y transporte. Reconocen que no son tan buenos como los caballos en arranque repentino o, como nosotros decimos, para un esfuerzo momentáneo, pero son de la opinión de que los bueyes aguantan y soportan mucho más trabajo, fatiga y esfuerzo que los caballos y piensan que los bueyes no están en peligro ni sometidos a tantas enfermedades y que son conservados y mantenidos con mucho menos coste y gasto y finalmente, que son buenos para carne cuando ya no pueden trabajar. Siembran grano sólo para pan.[56] Como bebida está o bien el vino de uva o de manzana o pera o el agua clara. Y muchas veces una bebida hecha con miel o regaliz diluida en agua, pues tiene gran abundancia de ello. Y aunque saben con seguridad (pues lo saben perfectamente en verdad) cuántos alimentos consume la ciudad con el campo o demarcación a su alrededor, siembran mucho más grano y crían mucho más ganado del que sirve para su propio uso, dividiendo el superávit entre sus vecinos. Cualquier cosa necesaria que falte en el campo, todo el material, lo van a buscar a la ciudad donde fácilmente lo obtienen del magistrado de la

55 La incubación artificial es ya mencionada por Plinio (*Nat. Historia*, 10,54-55).

56 Es decir, no para la cerveza.

misma sin nada a cambio. Pues cada mes muchos de ellos van a la ciudad en el día festivo. Cuando se acerca el día de la cosecha y falta poco, los filarcas, que son los cargos principales y alcaldes de los campesinos, notifican a los magistrados de la ciudad el número de recolectores que se necesita que les manden de la ciudad. Como este grupo de recolectores está dispuesto el día señalado, casi en un día bueno despachan todo el trabajo de la recolección.

II. *De las ciudades y principalmente de Amaurota*

En cuanto a sus ciudades, quien conoce una las conoce todas, tan parecidas son la una a la otra en la medida que lo permite la naturaleza del lugar. Por esto os describiré una u otra pues no importa mucho la que sea. Pero, ¿cuál mejor que Amaurota? De todas ellas es la más importante y de mayor mérito pues las restantes la reconocen como capital porque allí está la sede del Consejo y para mí ninguna de ellas es más querida ya que viví en ella cinco años completos y seguidos. La ciudad de Amaurota está situada en la ladera de una montaña baja. De planta casi cuadrada, se abre a lo ancho un poco más abajo de la cima de la colina y sigue por espacio de algo más de tres kilómetros hasta llegar al río Anhidro.[57] Su largo, que se prolonga

57 ἄνυδρος, «sin agua».

por la orilla del río, es algo mayor. El río Anhidro nace de un pequeño manantial treinta y ocho kilómetros más arriba de Amaurota, pero al ser engrosado por otros riachuelos y torrentes que desembocan en él y, entre otros, por dos algo más grandes, al pasar por delante de la ciudad tiene casi un kilómetro de ancho y más lejos, aún más y a dieciocho de la ciudad desemboca en el océano. En todo el espacio que se encuentra entre el mar y la ciudad e incluso algunos kilómetros más arriba, el agua fluye y refluye seis horas completas con una viva marea. Cuando entra el mar llena al Anhidro de agua salada en una longitud de cuarenta y ocho kilómetros y hace retroceder el agua dulce del río. Y algo más lejos cambia la dulzura del agua en salinidad. Pero algo más lejos el río se hace dulce y transcurre al lado de la ciudad fresco y agradable. Y cuando el mar se retira y retrocede nuevamente, el agua dulce le sigue casi hasta la misma desembocadura en el mar. Un puente está tendido sobre el río, no construido con postes o madera sino de piedra con magníficos y sólidos arcos, en la parte de la ciudad que está más lejos del mar, con el propósito de que los barcos puedan pasar a lo largo de la ciudad sin impedimento. Tienen también otro río que en realidad no es muy grande, pero transcurre mansa y suavemente, pues brota de la misma colina donde está asentada Amaurota y se desliza por una pendiente a través de la ciudad hasta el Anhidro. Y como nace a poca distancia de la ciudad, los amaurotenses han vallado su fuente principal con fuertes empalizadas y obras de fortificación y así lo han unido a la ciudad. Esto se hace con la intención de que el agua no pueda ser detenida ni desviada ni emponzoñada si se diera el caso que sus enemigos les atacaran. Desde allí el agua se desvía y canaliza en varias direcciones por conducciones de ladrillo hasta las partes bajas de la ciudad. Donde esto no puede hacerse porque el lugar no lo permite, recogen la lluvia en grandes cisternas que les brindan el mismo servicio. La ciudad está rodeada por una muralla alta y gruesa de piedra, llena de torreones y baluartes. Un foso seco pero profundo y ancho y plagado de arbustos, zarzas y espinos rodea tres de los cuatro lados de la ciudad. Para el cuarto lado el mismo río sirve de foso. Las calles están dispuestas y construidas muy confortable y bellamente, tanto para el tráfico como para estar protegidas de los vientos. Las casas son de bella y suntuosa construcción y se extienden juntas al lado de la calle en una extensa fila a lo largo de toda la calle, sin ninguna partición o separación. Las calles tienen una anchura de seis metros. En la parte trasera de las casas en toda la longitud de la calle hay amplios huertos encuadrados por las partes traseras de las calles. Cada casa tiene dos puertas, una a la calle y una secundaria en la parte posterior, que da al jardín. Estas puertas están hechas con dos hojas nunca cerradas ni con el cerrojo echado, tan fáciles de abrir que responden al mínimo tirón del dedo y se cierran solas de nuevo. Quien quiera puede entrar pues no hay nada dentro de las casas que sea privado o propio de nadie. Y cada diez años cambian de casa por sorteo. Dan gran importancia a sus huertos. En ellos tienen vides, toda clase de frutos, verduras y flores, tan agradables y tan bien conservados que nunca vi cosa más fértil ni más cuidada en lugar alguno. Su estudio y diligencia les viene no sólo de la afición sino también de ciertas contiendas y concursos que se organizan entre calle y calle referentes a los cuidados, cultivo y provisión de sus jardines, cada hombre el que le corresponde. Y realmente no será fácil que encontréis en toda la ciudad nada más completo tanto para el provecho de los ciudadanos como para el esparcimiento. Y por esto puede manifestarse que el primer fundador de la ciudad no se preocupaba de nada tanto como de estos jardines. Pues dicen que el mismo rey Utopo, desde el principio, estableció y trazó el plano de la ciudad con la misma forma y trazado que tiene ahora, pero los finos adornos y la bella ordenación para lo cual vio que no había tiempo suficiente con la vida de un hombre, esto lo dejó a sus sucesores. Pues las crónicas, que conservan escritas con la más diligente meticulosidad, contienen la historia de mil setecientos sesenta años a partir de la primera conquista de la isla y recogen y atestiguan que las casas al principio eran muy bajas y como cabañas sencillas o humildes casas de pastores hechas como podían con cualquier tosco pedazo de madera que primero viniera a mano, con paredes de barro y techos en punta embardados con paja. Pero ahora las casas se construyen cuidadosamente de una manera suntuosa y graciosa, de tres plantas de altura. Los exteriores de los muros se edifican de duro pedernal o argamasa o bien de ladrillo, y las paredes interiores se refuerzan con un buen maderaje. Los techos son rasos y planos, cubiertos de un cierto tipo de argamasa que resulta muy barato y sin embargo tan templado que ningún fuego puede dañarlos o destruirlos y soportan la inclemencia del tiempo mejor que cualquier plomo. Resguardan las ventanas del viento con cristales, pues se usan mucho allí y a veces también con lino fino impregnado de aceite o ámbar y esto por una doble ventaja: Porque por este medio entra más luz y se resguardan más del viento.

III. *De los magistrados*

Cada treinta familias o granjas eligen anualmente a un oficial que en su antigua lengua es llamado sifogrante[58] y con un nombre nuevo, el filarca. Cada diez sifograntes con todas sus treinta familias dependen de una autoridad que antes se llamaba traniboro[59] y ahora filarca en jefe. Además, en lo concerniente a la elección del príncipe, todos los sifograntes, que son en número de doscientos, juran elegir al que creen más idóneo y conveniente. Entonces, por elección secreta nombran príncipe a uno de los cuatro que el pueblo les propuso antes. Pues de los cuatro cuartos de la ciudad se elige a cuatro, uno de cada

58 De discutida etimología podría provenir de γέροντες «anciano», «senador» y del eólico σύφος «sabio». τυφοχέροντες, «anciano chocho» sería otra posibilidad de acuerdo con el sistema paradójico de Moro.

59 Tal vez de τρανός, «franco», «evidente» y βαρός, «glotón», posiblemente porque el traniboro preside la mesa.

cuarto, para presentarse a la elección, el cual es propuesto al Consejo. El cargo de los príncipes dura toda su vida a menos que sea depuesto o degradado bajo sospecha de tiranía. Eligen a los traniboros anualmente, pero raramente los cambian. Todos los demás cargos son solamente para un año. Los traniboros, cada tercer día y a veces más a menudo si es necesario, se reúnen en la casa del Consejo con el príncipe. Su Consejo se encarga del bien común. Si hay algunas disputas entre particulares, que las hay muy pocas, las resuelven y las concluyen sin demora. Les acompañan siempre dos sifograntes al consejo y cada día una nueva pareja. Y se cuida de que nada referente a la república sea confirmado y ratificado a menos que se haya razonado y debatido tres días en consejo antes de ser fallado. Tener alguna consulta sobre la república fuera del Consejo o lugar de común elección significa la muerte. Esta legislación, dicen, se hizo con el intento de que el príncipe y los traniboros no pudieran fácilmente conspirar juntos para sojuzgar al pueblo con su tiranía y cambiar el régimen de la república. Por eso los asuntos de gran peso e importancia se llevan a la asamblea de los sifograntes, quienes consultan con sus familias. Y después cuando han estado en deliberación entre ellos manifiestan su opinión al senado. A veces el asunto es llevado ante el Consejo de toda la isla. Además el Consejo también tiene la costumbre de no discutir ni razonar ningún asunto el mismo día que se propone o expone por primera vez sino que lo aplaza hasta la próxima sesión del Consejo, para que nadie, cuando ha hablado allí precipitadamente de lo primero que le ha venido a la punta de la lengua, tenga después que estudiar más por razones con las cuales defender y mantener su primera imprudente sentencia que por el bien de la república, como uno que más quiere el mal o el impedimento de la república que ninguna pérdida o disminución de su propia estimación y como si se avergonzara (lo cual es una vergüenza muy tonta) de reconsiderar alguna precipitación en el inicio del asunto el que al principio debiera haber hablado con más prudencia que con prisas o temeridad.

IV. *De las ciencias, las artes y las ocupaciones*

La agricultura es una ciencia común a todos ellos en general, tanto hombres como mujeres, en la cual son todos expertos y hábiles. En ella se instruyen desde su infancia: en parte en las escuelas con tradiciones y preceptos y en parte en el campo vecino a la ciudad, inculcada como si fuera jugando, sin que nadie se limite a observar su práctica sino que también la practican ellos con motivo de ejercitar sus cuerpos. Además de la agricultura que, como dije, es común a todos ellos, todos aprenden una u otra de las varias y particulares ciencias como oficio propio. Lo que es más común es tejer lana o lino o la albañilería o el arte de los herreros o la ciencia de los carpinteros, pues]] no hay ninguna otra ocupación de la que un número apreciable hable o use allí. En cuanto a sus vestidos, que por toda la isla son de un estilo salvo que hay una diferencia entre las ropas del hombre y de la mujer, de los casados y de los solteros y este permanece para siempre sin cambios, decoroso y bello a la vista, sin entorpecer los movimientos y postura del cuerpo, además adecuado tanto para el invierno como para el verano; en cuanto a estos vestidos, digo, cada familia hace los suyos. Pero de las demás antedichas artes, todos aprenden una y no solamente los hombres sino también las mujeres. Pero las mujeres, como más débiles, se dedican a artes más fáciles como trabajar la lana y el lino. Las más fatigosas ocupaciones se reservan a los hombres. En su mayoría, los hombres se forman en el oficio de su padre pues muy comúnmente tienden y están inclinados naturalmente a él. Pero si la mente de un hombre prefiere cualquier otro, es adoptado por una familia de aquella ocupación a la que él tiene más afición. No sólo su padre sino también los magistrados diligentemente se preocupan de que sea colocado en una familia discreta y honrada. Sí, y si cualquiera cuando ha aprendido un oficio desea aprender otro más, es igualmente tolerado y permitido.

Cuando ha aprendido los dos se ocupa en el que quiere a menos que la ciudad tenga más necesidad de uno que de otro. El principal y casi único oficio de los sifograntes consiste en ver y cuidar de que ningún hombre esté sin hacer nada sino que cada uno se ocupe en su arte con la mayor diligencia y de que a pesar de esto no se fatigue desde primera hora de la mañana hasta la última de la tarde con trabajo continuo, como las bestias de carga y de labor. Pues esta es peor que la miserable y desgraciada condición de los esclavos, lo cual, de todos modos, constituye la vida de los trabajadores y obreros en casi todas partes menos en Utopía. Dividen el día y la noche en veinticuatro horas justas dedicando y asignando sólo seis de estas horas al trabajo: antes del mediodía, tras el cual van directamente a comer, y después de almorzar, cuando han descansado dos horas, trabajan tres horas más y después van a cenar. Sobre las ocho de la tarde (contando la una a partir de la primera hora después del mediodía) van a la cama; conceden ocho horas al sueño. Todo el tiempo libre de que disponen entre las horas de trabajo, sueño y comida, cada hombre es autorizado a distribuirlo como mejor guste. No con el intento de que malgasten este tiempo en juergas o indolencia, sino que estando entonces exentos del trabajo de su propia ocupación, dediquen el tiempo bien y provechosamente en cualquier otro quehacer que les plazca. Pues allí es costumbre solemne tener clases cada día por la mañana temprano a donde son solamente obligados a asistir los que están elegidos y dedicados especialmente al saber. Sin embargo, una gran multitud de toda clase de gente, tanto hombres como mujeres, van a oír las clases, unos a unas y otros a otras según les incline la naturaleza de cada uno. Pero a pesar de esto, si algún hombre prefiere dedicar el tiempo a su propio trabajo (como ocurre entre muchos cuya mente no se eleva a la contemplación de ningún arte liberal), no se le impide ni prohíbe sino que es también alabado y recomendado como provechoso para la república. Después de cenar dedican una hora al juego: en verano en sus jardines, en invierno en sus salas comunes donde almuerzan y cenan. Allí se ejercitan en música o bien en honesta y sana conversación. No conocen los dados y otros tales juegos absurdos y perniciosos, pero usan dos juegos no muy distintos del ajedrez: Uno es la batalla de números, en la que un número domina a otro. El otro consiste en la lucha de vicios y virtudes como si fuera en disposición de combate o un campo de batalla. En este juego se manifiestan con toda propiedad tanto las disensiones y discordias que tienen los vicios entre ellos como su unidad y alianza contra las virtudes. Y además qué vicios repugnan a qué virtudes, con qué poder y fuerza los asaltan secretamente, con qué auxilios y ayudas las virtudes resisten y vencen el poder del vicio, con qué mañas frustran sus propósitos y, finalmente, por qué estratagemas o medios uno obtiene la victoria. Pero aquí, para que no os confundáis, debéis observar más atentamente una cosa, pues viendo que no dedican más que seis horas al trabajo, tal vez podéis pensar que de ello puede seguirse la falta de algunas cosas necesarias. Pero no es así en absoluto, pues este corto tiempo es no sólo suficiente sino excesivo para la provisión y abundancia de todas las cosas que se requieren tanto para la necesidad como para la comodidad de la vida, cosa que vos también percibiréis si sopesáis y consideráis cuán abundante proporción de gente vive ociosa en otros países. Primero casi todas las mujeres, que son la mitad del número total, o bien si las mujeres se ocupan de algo, entonces lo más normal es que los hombres estén ociosos en su lugar. Además ¿cuán abundante y cuán ociosa es la comitiva de los llamados sacerdotes y religiosos? Añadid a ello todos los ricos, especialmente todos los latifundistas que comúnmente son llamados gentilhombres y nobles. Poned en este número además a sus criados, quiero decir todo aquel rebaño de indómitos fanfarrones y matachines. Unid a ellos además a los mendigos robustos y fuertes que embozan su vida ociosa so color de algún mal o enfermedad, y realmente encontraréis muchos menos de los que pensabais con cuya labor se realicen las tareas que se usan y acostumbran cotidianamente en los asuntos humanos. Ahora recapacitad cuán pocos de estos pocos que trabajan están ocupados en trabajos necesarios. Pues donde el dinero lleva todo el compás se han de ejercer necesariamente muchas ocupaciones superfluas y vanas para servir exclusivamente para la bullanguera superficialidad y los placeres deshonestos. Pues si la misma multitud que ahora se ocupa en trabajar se dividiera en tan pocas ocupaciones como el necesario uso de la naturaleza requiere, se seguiría necesariamente una tan gran abundancia de cosas que sin duda los precios serían más bajos de lo necesario para que los obreros pudieran vivir. Pero si todos los que ahora están ocupados en trabajos inútiles con toda la caterva de los que viven ociosos y en la pereza, cada uno de los cuales consume y gasta más cosas producidas por la labor de otros hombres que dos de los mismos trabajadores; si todos estos, digo, fueran obligados a provechosas ocupaciones, fácilmente percibiréis el poco tiempo que sería suficiente, sí, y de sobra, para proporcionaros todo lo que puede pedirse tanto para la necesidad como para la comodidad o incluso para el placer siempre que este placer fuera verdadero y natural. Y esto en Utopía se evidencia y pone de manifiesto por sí mismo. Pues allí en toda la ciudad con todo el campo o demarcación adjunta, son eximidos y descargados de su tarea escasamente quinientas personas del total de hombres y mujeres que no sean demasiado viejos ni demasiado débiles para el trabajo. Entre ellos están los sifograntes, quienes, aunque están privilegiados por la ley y exentos del trabajo, no se eximen ellos mismos, con la intención de incitar más bien con su ejemplo a que otros trabajen. La misma exención del trabajo disfrutan también aquellos a quienes el pueblo, aconsejado por la recomendación de los sacerdotes y secreta elección de los sifograntes, ha concedido una dispensa perpetua del trabajo para dedicarse al estudio. Pero si alguno de ellos no responde a las esperanzas y confianza en él depositadas, es sin tardanza devuelto al estamento de los artesanos. Y contrariamente, a menudo ocurre que un artesano dedica sus horas libres tan seriamente al estudio y con su aplicación rinde tanto en esto que es relevado de su ocupación manual y promovido al estamento de los intelectuales. Entre esta orden de estudiosos se eligen los embajadores, sacerdotes, traniboros y finalmente el mismo príncipe a quien en su antigua lengua llaman el barzanes[60] y con un

60 De «bar», «hijo» y Ζάνος, forma dórica poética de Zeus.

nombre más moderno Adamo.[61] Como el resto del pueblo no está nunca ocioso ni ocupado en ejercicios inútiles, puede colegirse fácilmente la gran cantidad de trabajo referente a las cosas de las que he hablado que pueden realizar y resolver en muy pocas horas. También tienen esta ventaja sobre las otras: que en la mayor parte de ocupaciones básicas no necesitan trabajar tanto como otras naciones. Pues en primer lugar, en todas partes la construcción o reparación de las casas requiere la labor continua de tantos hombres porque el heredero derrochador comporta que las casas que su padre construyó a lo largo del tiempo decaigan. Así que, lo que hubiera podido conservar con pequeño coste, su sucesor, se ve obligado a construirlo nuevo otra vez con grandes gastos. Sí, también muchas veces la casa que un hombre conservó a base de mucho dinero, otro es de mente tan muelle y delicada que no se ocupa en absoluto de ella. Y al ser descuidada y caer en ruinas en poco tiempo, por tal motivo construye otra en otro lugar con no menos coste y carga. Pero entre los utopienses donde todas las cosas están dispuestas en buen orden y el bien común en buen estado, muy raramente ocurre que elijan un nuevo emplazamiento para edificar una casa. Y no sólo encuentran veloz y rápido remedio para los desperfectos reales sino que además toman precauciones para los que puedan producirse. Y por estos medios sus casas continúan y duran mucho tiempo con

61 Ademus, «sin pueblo» en el texto latino. Adamus podría ser un error tipográfico o la identificación del primer magistrado con el primer hombre Adán.

poco trabajo y pocas reparaciones de modo que esta clase de trabajadores a veces no tienen casi nada que hacer. Pero entonces se les encarga debastar madera en casa y escuadrar y recortar piedras para que, si se presenta algún trabajo, pueda solucionarse lo más pronto. Ahora, señor, analizad, os ruego, los pocos trabajadores que necesitan para su vestido. En primer lugar, para ir al trabajo van cubiertos cómodamente con cuero o pieles que duran siete años. Cuando salen fuera se echan una capa encima que cubre los toscos vestidos restantes. Estas capas son todas de un color en toda la isla y este es el color natural de la lana. Por eso gastan mucho menos tejido de lana que en otros países y además este les sale por un precio mucho menor. Pero el tejido de lino se hace con menos trabajo y por eso se utiliza más. Por otra parte, en el tejido de lino cuenta sólo la blancura y en el de lana sólo la limpieza. En cuanto a la delicadeza o finura del hilo no es cosa que les preocupe. Y esta es la causa por la que en otros lugares cuatro o cinco togas de distintos colores y el mismo número de jubones de seda no bastan para un solo hombre. Sí, y si son de los delicados y melindrosos, diez son demasiado poco mientras que allí un vestido le dura a un hombre dos años por regla general. Pues ¿por qué habría de desear más? Ven que si los tuvieran no estarían mejor abrigados o resguardados del frío ni más elegantes en absoluto por su vestidura. Por eso, viendo que todos ellos se ejercitan en ocupaciones útiles y que pocos artesanos son suficientes para un oficio, esta es la causa de que, cuando hay abundancia de todas las cosas entre ellos, a veces pongan una multitud innumerable de gente para arreglar los caminos si alguno está deteriorado. También muchas veces cuando no tienen trabajo en que ocuparse se hace una proclama pública para que dediquen menos horas al trabajo. Pues los magistrados no emplean a sus ciudadanos contra su voluntad en trabajos innecesarios, por lo cual en la institución de aquella república sólo se pretende y procura esta finalidad: que todo el tiempo que sea posible ahorrar de las necesarias ocupaciones y asuntos de la república los ciudadanos se liberen del servicio corporal para la espontánea libertad del intelecto y enriquecimiento del mismo. Pues opinan que en ello consiste la felicidad de esta vida.

V. *De su vida y relaciones mutuas*

Ahora quiero exponer cómo los ciudadanos se comportan entre sí; qué ocupaciones y pasatiempos familiares se hallan entre la gente y qué costumbres siguen en la distribución de todas las cosas. En primer lugar la ciudad se compone de familias y, por lo regular, las familias están constituidas por parientes. Las mujeres, cuando se casan en su mayoría de edad legal, van a casa de sus maridos, pero los hijos varones con todos los descendientes masculinos siguen en su propia familia y son gobernados por el padre mayor y más anciano a menos que chochee a causa de la vejez, ya que entonces el más cercano a él en edad es colocado en su lugar. Pero con la intención de que el número prescrito de ciudadanos nunca disminuya ni crezca en exceso, se ordena que ninguna familia, de las que en cada ciudad hay seis mil en total además de las del campo, tenga a un tiempo menos de diez ni más de dieciséis hijos de una edad aproximada de catorce años. Para los niños por debajo de esta edad no se puede establecer ni asignar ningún número. Esta cantidad o proporción se observa y mantiene fácilmente a base de colocar en familias más reducidas a los que exceden del número en familias más numerosas, pero si ocurre que la dotación en toda la ciudad sobrepasa el número preciso, con ella completan la falta en otras ciudades. Y si sucede que la multitud de toda la isla pasa y excede del número debido entonces eligen a unos ciudadanos determinados de cada ciudad y fundan una población según sus mismas leyes en el territorio más próximo donde los indígenas tienen mucho espacio yermo y deshabitado, aceptando también a gentes de ese país si quieren unírseles y vivir con ellos. Los que así se unen y viven juntos se ponen fácilmente de acuerdo en una forma de vida, y esto para la prosperidad de ambos pueblos, pues con sus leyes consiguen que el suelo que antes no era bueno ni provechoso ni para uno ni para otro, sea ahora harto suficiente y fructífero para los dos. Pero si los habitantes de aquel país no quieren vivir con ellos gobernados por sus leyes, ellos les expulsan de las fronteras que han fijado y asignado para sí.[62] Y si se resisten y se

62 Justifican la colonización basándose en que la tierra es común y debe explotarse.

rebelan entonces les declaran la guerra, pues consideran como el más justo motivo de guerra cuando algún pueblo mantiene una parte de terreno vacío y despoblado sin ninguna utilidad buena ni provechosa impidiendo a otros, que por ley natural habrían de ser alimentados y aliviados con él, su uso y posesión. Si cualquier circunstancia hiciera disminuir hasta tal punto el número de alguna de sus ciudades que no pudiera ser completada de nuevo sin la disminución del número preciso de las demás (lo cual dicen que no ha ocurrido más que dos veces desde el inicio del país, por causa de una pestilente plaga), entonces completan y llenan el número con los ciudadanos enviados a buscar de sus propias poblaciones en el exterior, pues prefieren que sus poblados exteriores decaigan y desaparezcan a que decrezca alguna ciudad de su propia isla.

Pero volvamos a las relaciones de los ciudadanos entre ellos: El de más edad, como dije, gobierna a la familia. Las esposas dependen de sus maridos, los hijos de sus padres y, para resumir, los más jóvenes de sus mayores. Cada ciudad está dividida en cuatro partes iguales o barrios. En el centro de cada barrio hay una plaza del mercado con toda clase de productos. Allí son transportados a determinados edificios los frutos del trabajo de cada familia y cada tipo de cosas se guarda respectivamente en graneros o almacenes. Allí el padre o cabeza de cada familia va a buscar todo lo que él y los suyos necesitan y se lo lleva sin dinero, sin intercambio, sin fianza, prenda ni garantía. Pues ¿por qué se le habría de negar nada si se ve que hay abundancia de todo y que no hay que temer, a menos que alguien pidiera más de lo que necesita? ¿Y por qué se ha de pensar que aquel hombre tenga que pedir más de lo suficiente si está seguro de que nunca le faltará? Ciertamente en todo tipo de criaturas vivientes sólo el miedo o la escasez engendran la codicia y la rapiña o, en el hombre, sólo el orgullo, ya que considera algo glorioso superar y exceder a otros en la superflua y vana ostentación de las cosas. Esta clase de vicio no puede tener lugar entre los, utopienses.

Al lado de la plaza del mercado de la que hablé se encuentran tiendas de comida adonde se lleva toda clase de verduras y frutas de los árboles junto con el pan y además pescado y toda clase de cuadrúpedos y aves que constituyen el alimento humano. Pero primero la suciedad y los desperdicios de aquéllos se limpian completamente en el agua corriente del río fuera de la ciudad, en lugares especialmente dedicados a este propósito. Desde allí los animales son traídos muertos y completamente limpios por mano de sus esclavos, pues no autorizan a que sus ciudadanos libres se acostumbren a la matanza de animales con la práctica de la cual piensan que la clemencia, la más noble cualidad de nuestra naturaleza, degenera y muere poco a poco. Tampoco toleran que traigan a la ciudad nada que esté sucio, repugnante o poco limpio para que el aire, infectado y corrompido por el hedor, no provoque epidemias. Además cada calle tiene algunas amplias mansiones situadas a igual distancia una de otra, cada una conocida por su nombre respectivo. En estas residencias viven los sifograntes y a cada una de dichas residencias corresponden treinta familias, quince a cada lado.

A una hora determinada los administradores de cada centro acuden a los mercados de alimentación donde reciben comida de acuerdo con el número de personas de sus edificios. Pero en primer lugar, y sobre todo, se tiene consideración por los enfermos, que son atendidos en los hospitales. Pues en los alrededores de la ciudad, un poco extramuros, tienen cuatro hospitales tan grandes, espaciosos, amplios y extensos que parecen cuatro ciudades pequeñas que se diseñaron de tal magnitud en parte con la intención de que los enfermos nunca, por muy numerosos que fueran, tuvieran que yacer demasiado apiñados o estrechos y por tanto con desasosiego e incomodidad, y en parte para que los que están aquejados y afectados por enfermedades contagiosas, como las que suelen pasar de uno a otro por infección, pudieran ser colocados aparte, lejos de la compañía del resto. Estos hospitales están tan bien surtidos y tan provistos de todo lo necesario para la salud y además se procuran tan diligentes cuidados con la continua presencia de médicos competentes, que aunque no se envía a nadie contra su voluntad, no hay enfermo en toda la ciudad que no prefiera estar allí que en casa, entre los suyos. Cuando el administrador de los enfermos ya ha recibido las viandas que los médicos han prescrito, las mejores se reparten equitativamente entre los centros según la concurrencia de cada uno, salvo que se guarda consideración para con el príncipe, el obispo, los tranibo-ros y los embajadores y todos los extranjeros, si hay alguno, que son muy pocos y raros, pero cuando están allí, también tienen cierto número de casas reservadas y dispuestas para ellos. A esos centros, a las horas señaladas del almuerzo y la cena, acude toda la sifograntía o barrio, advertido por el toque de una trompeta de cobre, excepto los que están enfermos en los hospitales o bien en su propia casa. Sin embargo, a nadie se le prohíbe o impide que se lleve comida del mercado a su propia casa después que las salas están servidas, ya que saben que nadie lo hará sin una causa razonable. Pues aunque a ninguno se le prohíbe almorzar en casa, nadie lo hace por propia voluntad porque se considera un detalle de poca confianza y además sería una tontería tomarse la molestia de preparar un mal yantar en casa cuando se les da la posibilidad de una comida buena y selecta tan a mano en el centro. En esta sala, todos los trabajos inferiores, todo el servicio y las cargas con todas las labores pesadas y los bajos menesteres son realizados por esclavos. Pero las mujeres de cada familia se ocupan y encargan por turno de cocinar disponiendo y preparando la comida y de decidir todas las cosas referentes a ella. Ocupan tres mesas o más según el número de comensales. Los hombres se sientan en el banco más cercano a la pared y las mujeres enfrente, al otro lado de la mesa, para que si se encuentran mal repentinamente, como muchas veces ocurre con las mujeres embarazadas, puedan levantarse sin problemas ni estorbos para nadie e ir de allí al cuarto de las nodrizas. Las nodrizas están solas con sus lactantes en un salón preparado y dispuesto para este propósito que nunca carece de fuego y agua limpia ni de cunas, de modo que cuando quieren pueden acostar a los pequeños y quitarles sus pañales con toda comodidad y tenerles cerca del fuego y recrearles con juegos. Cada madre es la nodriza de su propio hijo a menos que la muerte o la enfermedad lo impidan. Cuando esto ocurre las esposas de los sifograntes rápidamente proporcionan una nodriza. Y esto no es difícil de hacer. Pues las que pueden no se prestan a ningún servicio de más buen grado que a este, porque allí esta clase de piedad es muy alabada y el niño que es amamantado en adelante considera a su nodriza como a su madre natural. También con las nodrizas están todos los niños por debajo de los cinco años. Todos los niños de ambos sexos, tanto chicos como chicas, que están por debajo de la edad núbil o bien sirven a las mesas o, si son demasiado jóvenes para ello, se colocan a un lado en un silencio sorprendente. Comen lo que se les da de la mesa y no tienen otro horario distinto para comer. El sifogrante y su esposa se sientan al centro de la mesa principal por cuanto esta es considerada la plaza más distinguida y porque desde allí pueden ver a toda la concurrencia. Pues esta mesa está situada transversalmente al extremo de la sala. Les acompañan dos de los más ancianos y mayores de edad, pues a cada mesa se sientan cuatro a comer. Pero si hay una iglesia en aquella sifograntía o barrio, entonces el sacerdote y su esposa se sientan con el sifogrante como personas importantes en la reunión. A ambos lados se sientan los jóvenes y cerca de ellos otra vez los ancianos. Y así por toda la casa los iguales en edad se sientan juntos y al mismo tiempo están mezclados y emparejados con los de edades distintas. Dicen que esto fue ordenado con la intención de que la sabia gravedad y reverencia de los mayores refrenara la desordenada licencia en palabras y conducta de los jóvenes, por cuanto no puede hacerse ni decirse nada en la mesa tan en secreto que los que se sientan a un lado o a otro no puedan dejar de percibirlo. Los platos no son colocados por orden desde el primer lugar sino que a todos los ancianos (cuyos sitios se indican por una señal especial para que sean reconocidos) se les sirve la comida en primer lugar y después al resto, por igual. Los ancianos reparten los bocados selectos como mejor les parece a los jóvenes de cada lado. Así los mayores no se sienten defraudados de los debidos honores y sin embargo las mismas ventajas llegan a todos. Inician cada almuerzo y cena leyendo alguna cosa referente a las buenas costumbres y a la virtud, pero es corta para que nadie se aburra. A propósito de ella los mayores aprovechan la ocasión para una conversación honesta pero nunca triste ni desagradable. Sin embargo, no pasan todo el tiempo de la comida en largas y tediosas charlas sino que de buen grado escuchan también a los jóvenes y en verdad que deliberadamente les estimulan a hablar para tener una prueba del ingenio de cada uno y de la inclinación o disposición a la virtud que normalmente se muestra y se descubre en la libertad del ágape.[63] Sus almuerzos son muy breves pero sus cenas son algo más largas, porque después del almuerzo viene el trabajo y después de la cena el sueño y el natural descanso, lo cual consideran que

63 Los jóvenes de Utopía seguirían las normas de Erasmo en *De Civilitate morum puerilium.*

tiene más fuerza y eficacia, para una completa y sana digestión. No hay cena sin música ni sus banquetes carecen de delicadezas y golosinas. Queman resinas perfumadas y especias o perfumes y olores agradables y esparcen suaves ungüentos y aguas; no dejan de hacer nada que ayude al bienestar de la concurrencia, pues tienden mucho a la opinión de no considerar prohibido ningún tipo de placer del que no provenga mal alguno. Así pues, en la ciudad viven juntos de esta manera, pero en el campo, los que viven solos lejos de cualquier vecino, almuerzan y cenan con los suyos en sus propias casas, ya que ninguna familia carece allí de ninguna clase de vituallas, pues de ellos proviene todo aquello que comen y de lo que viven los de la ciudad.

VI. *De sus jornadas o viajes con diversas otras materias hábilmente razonadas e ingeniosamente argumentadas*

Si alguien desea visitar a sus amigos que viven en otra ciudad o ver el lugar en sí, fácilmente obtienen licencia de sus sifograntes y traniboros a menos que exista algún impedimento razonable. Nadie sale solo sino que organiza un grupo unido con cartas de sus príncipes, quienes certifican que tienen permiso para hacer aquel viaje y señalan también el día de regreso. Se les proporciona un vehículo y un esclavo público que guía y está al cuidado de los bueyes.

Pero a menos que vayan mujeres en su compañía, devuelven el vehículo como un impedimento y estorbo. Y aunque no se llevan nada, en todo el viaje no carecen de nada, pues a dondequiera que lleguen están en casa. Si se demoran en un lugar más de un día cada uno de ellos se incorpora allí a su propia ocupación y es muy amablemente acogido por los artesanos y compañeros del mismo oficio. Si alguien sale del recinto o de su territorio por propia iniciativa y sin permiso, sorprendido sin las cartas del príncipe, es devuelto en calidad de fugitivo o desertor con gran vergüenza y repulsa y es severamente castigado. Si es sorprendido en la misma falta de nuevo se le castiga con la esclavitud.[64] Si alguien desea pasear por los campos o por la comarca que pertenece a la misma ciudad en donde habita, no le es prohibido con tal que obtenga el permiso de su padre y el consentimiento de su esposa. Pero en cualquier parte de la región a la que llegue no se le da comida hasta haber realizado su tarea matinal o llevado a cabo el trabajo que se requiere completar antes de la cena. Observando esta ley y condición puede ir a donde quiera dentro del término de su propia ciudad, pues no será menos útil para la ciudad que si estuviera dentro. Ahora veis la poca libertad que tienen para holgazanear, como no pueden tener excusa ni pretexto para la ociosidad. No hay tabernas, ni cervecerías ni burdeles, ni ninguna oportunidad de vicio o maldad, ni rincones escondidos, ni lugares para

64 En las restricciones para los viajes, inferiores a las de la *República* de Platón por otra parte, tal vez influyeran los abusos cometidos durante las peregrinaciones, que Moro tendría en cuenta.

malos consejos o reuniones ilegales, sino que ellos están a la vista y bajo la mirada de todos. De ahí que deba por necesidad o bien dedicarse a su trabajo habitual o recrearse con honestos y loables pasatiempos.

Al seguirse entre el pueblo esta costumbre y modo de vida no queda más alternativa que tener forzosamente reservas y abundancia de todas las cosas. Y viendo que todos participan de ello igualmente no puede haber ningún hombre pobre o necesitado. En el Consejo de Amaurota adonde, como dije, cada una de las ciudades envía tres hombres anualmente, tan pronto como se sabe con exactitud qué cosas hay en abundancia en cada lugar y además qué cosas escasean en algún sitio, inmediatamente la insuficiencia de uno es compensada y completada con la abundancia de otro. Y esto ellos lo hacen gratuitamente sin ningún beneficio, sin tomar nada a cambio de aquellos a quienes dan las cosas, sino que las ciudades que han ofrecido parte de sus provisiones a cualquier otra ciudad que carece de ellas sin pedir nada a cambio a esta ciudad, toman, cuando las necesitan, cosas de otra ciudad a la cual no dan nada. Así toda la isla es como si fuera una familia o casa común.[65] Pero cuando han obtenido suficientes provisiones de reserva para sí mismos (lo que no consideran hecho hasta que han recogido para los dos años siguientes a causa de la inseguridad de producción del año próximo), entonces exportan gran cantidad

65 El Estado también es visto como una gran familia en Erasmo, *Institutio Prin. Chris.* y otros autores contemporáneos.

de cosas que tienen en abundancia a otros países, como grano, miel, lana, lino, madera, rubia, pieles teñidas de púrpura, cera, sebo, cuero y animales vivos. Y la séptima parte de estas cosas las dan gratuita y libremente a los pobres de aquel país. El resto lo venden a un precio razonable y barato. Por este comercio de tráfico o mercadería traen a su propio país no sólo gran cantidad de oro y plata sino también todo lo que no tienen en su tierra, que no es casi nada salvo el hierro. Y a causa de haber usado largo tiempo de este comercio, ahora tienen más abundancia de tales cosas de lo que nadie creería. Así pues ahora no se preocupan de si venderán al contado o bien a crédito para que se pague a plazos y tener el grueso en bonos. Pero al actuar así nunca aceptan el crédito de un particular sino la seguridad o garantía de toda la ciudad a través de medios y escritos acordados a tal propósito. Cuando llega y expira el plazo de la deuda, la ciudad recibe el pago de los deudores particulares y lo coloca en el tesoro público y mientras tanto disfrutan de ello hasta que los utopienses, sus acreedores, lo reclaman. En su mayor parte nunca lo piden, pues creen que no es justo ni de conciencia tomar lo que para ellos no es de ningún provecho de otro a quien aprovecha. Pero si llega el caso de que ellos tengan que prestar parte de aquel dinero a otro pueblo o cuando están en guerra, entonces reclaman la deuda. Para este único propósito conservan en el país todo el tesoro que tienen: para que les ayude y socorra en caso de riesgo extremo o de peligro repentino. Pero especialmente y sobre todo para alquilar con él, y esto por unos salarios desmesuradamente grandes, a soldados extranjeros. Pues prefieren poner a extraños en peligro que a sus propios compatriotas, sabiendo que con dinero suficiente pueden comprar o vender muchas veces a sus mismos enemigos o bien hacer que anden a la greña entre ellos por medio de la traición. Por este motivo tienen un inestimable tesoro, pero sin embargo no como tesoro sino que lo tienen y emplean de tal manera que a fe que me avergüenza de manifestarlo por temor a que mis palabras no sean creídas. Y tengo más motivo para temer esto, pues sé lo difícil y duro que se me hubiera hecho a mí creer a otro hombre que me lo contara si yo no lo hubiera visto directamente con mis propios ojos. Pues es inevitable que en la medida que una cosa difiere y se aparta de las maneras y tratos de los oyentes, caiga fuera de su credulidad. Sin embargo un observador de las cosas sabio e imparcial tal vez no se maravillará grandemente si, viendo que todas sus otras leyes y costumbres difieren tanto de las nuestras, también el uso del oro y de la plata está entre ellos más en función de sus costumbres que de las nuestras. Quiero decir que ellos no utilizan la moneda sino que la guardan para una eventualidad que tanto puede darse como puede ser que nunca llegue a ocurrir. Mientras tanto no utilizan el oro y la plata con que se hace el dinero, pues ninguno de ellos lo estima más de lo que la misma naturaleza de la cosa merece. Y así, ¿quién no ve claramente lo muy por debajo que está del hierro? Pues sin este los hombres no pueden vivir mejor que si lo hicieran sin fuego o sin agua mientras que al oro y a la plata la naturaleza no ha concedido ninguna utilidad de la que no podamos prescindir perfectamente si la locura de los hombres no los hubiera colocado en más alta estimación a causa de su rareza. Pero, por el contrario, la naturaleza como madre compasiva y amantísima ha puesto al aire libre las cosas mejores y más necesarias, como el aire, el agua y la misma tierra. Y ha apartado y escondido lejos de nosotros las cosas vanas e inútiles. De ahí que si, entre ellos, estos metales estuvieran encerrados en una torre se podría sospechar que el príncipe y el Consejo (como el pueblo imagina siempre locamente) intentaban engañar al vulgo con alguna maña y sacar algún provecho para sí. Además ven y perciben muy bien que si hicieran con ello platería y otros objetos por el estilo fina y hábilmente trabajados, si en alguna ocasión tuvieran necesidad de romperlos y fundirlos de nuevo para pagar con ello los salarios de sus soldados, los hombres se mostrarían reacios a separarse de estas cosas en las que ya han empezado a encontrar placer y deleite. Para remediar todo esto han encontrado un medio que es tan coherente con todas sus restantes leyes y costumbres como apartado y contrario al máximo de las nuestras donde el oro es tan estimado y tan cuidadosamente guardado, y por ello increíble si no es para los que son conscientes. Pues mientras ellos comen y beben en vajillas de arcilla y de vidrio que en verdad están cuidadosa y correctamente construidas y sin embargo son de poco valor, con el oro y la plata construyen normalmente los orinales y otros recipientes que sirven para las más viles funciones, no sólo en las salas comunes sino en las casas particulares. Además con los mismos metales hacen grandes cadenas, grilletes y esposas con los cuales atan a sus esclavos. Finalmente, a cualquiera que sea infamado por algún delito le cuelgan aros de oro en las orejas, en sus dedos llevan anillos de oro y alrededor de sus cuellos cadenas de oro y al final sus cabezas son ceñidas con oro. Así procuran por todos los medios posibles que el oro y la plata sean considerados entre ellos como reproche e infamia. Y estos metales que otras naciones buscan tan afanosa y penosamente como si se tratara en cierto modo de sus propias vidas, si se suprimieran de una vez entre los utopienses, nadie de allí pensaría haber perdido ni el valor de un ardite. También recogen perlas en las costas, y diamantes y carbunclos debajo de ciertas rocas, pero no los buscan sino que cuando los encuentran por azar los tallan y los pulen y con esto engalanan a sus hijos pequeños. Estos, así como en los primeros años de su infancia tienen en mucho y están contentos y orgullosos de tales ornamentos, cuando son un poco más crecidos en años y discreción, al darse cuenta de que nadie más que los niños usan estos juguetes y bagatelas, los abandonan por vergüenza y sin que sus padres se lo indiquen, de la misma manera que nuestros niños cuando se hacen mayores abandonan las bolas, broches y muñecas. Por eso nunca percibí tan claramente lo variado de las fantasías y opiniones que engendran estas leyes y costumbres que son tan diferentes de las otras naciones, como entre los embajadores de los anemolianos.[66]

66 De ἀνεμώλιος, «ventoso», en el sentido de presuntuoso.

Estos embajadores llegaron a Amaurota mientras yo estaba allí. Y puesto que vinieron a tratar de materias graves y de peso, los tres ciudadanos respectivos de cada ciudad habían acudido a recibirles. Pero así como todos los embajadores de los países vecinos que habían estado allí antes y conocían la moda y manera de los utopienses, de los cuales se daban cuenta que no concedían ningún honor a las suntuosas vestiduras, que las sedas eran despreciadas y el oro era infamado y escarnecido, solían ir allí con un atuendo muy casero y sencillo los anemolianos, como vivían más lejos y tenían muy poco conocimiento de ellos, oyendo que todos se vestían de modo parecido y muy rústica y descuidadamente, creyendo que no tenían lo que no usaban y sintiéndose por ello más orgullosos que prudentes, determinaron presentarse como auténticos dioses en la suntuosidad de sus atavíos y deslumbrar los ojos de los pobres tontos de utopienses con el reluciente brillo y resplandor de sus alegres vestiduras. Así entraron tres embajadores con cien servidores, todos con vestidos multicolores, la mayoría de ellos de seda, y los mismos embajadores (pues en su país eran nobles) con tejidos de oro, con grandes cadenas de oro, con pendientes de oro en sus orejas, con anillos de oro en sus dedos, con broches y agujas de oro en sus gorros que relucían llenos de perlas y de piedras preciosas; para resumir, adornados y peripuestos con todas las cosas que entre los utopienses significaban o el castigo de los esclavos o la censura para personas infamadas o las bagatelas con las que jugaban los niños pequeños. Por eso habría alegrado el corazón de un hombre ver lo orgullosamente que desplegaban sus plumas de pavo real y la importancia que se daban con su ostentosa fachada y lo soberbios que se exhibían y se mostraban cuando comparaban su galante atavío con el pobre vestido de los utopienses, pues todo el mundo se había echado a la calle. Y por otro lado no era menos gracioso considerar lo mucho que se engañaban y lo lejos que se desviaban de su propósito al ser tenidos por todo lo contrario de lo que pensaban que habrían sido. Pues a los ojos de todos los utopienses excepto para muy pocos que habían estado en otros países por alguna causa justificada, toda aquella suntuosidad de atuendo parecía vergonzosa y reprochable. De modo que saludaban muy reverentemente a los más bajos y miserables de entre ellos tomándoles por señores, pasando por alto sin ningún honor a los auténticos embajadores, juzgándoles esclavos porque llevaban cadenas de oro. Sí, deberíais haber visto también a los niños que habían arrinconado sus perlas y piedras preciosas, cuando vieron unas parecidas prendidas en los gorros de los embajadores, como daban y empujaban con el codo a sus madres diciéndoles: «Mira, madre, qué zopenco tan grandullón; usa todavía perlas y piedras preciosas como si aún fuera un niño pequeño.» Pero la madre, y esto también muy en serio por cierto, le decía: «Silencio, hijo, creo que es alguno de los bufones de los embajadores.» Algunos criticaban sus cadenas de oro por no tener ningún uso ni objeto al ser tan pequeñas y débiles que un esclavo las podía romper fácilmente o bien tan holgadas y grandes que cuando le viniera en gana podía librarse de ellas y escapar libremente a donde quisiera. Pero cuando los embajadores habían estado allí un día o dos y vieron tan gran abundancia de oro tenido en tan poca estima en verdad, no menos digno de reproche que entre ellos lo era de reverencia y además vieron más oro en las cadenas y grilletes de un esclavo fugitivo que todo lo que valían los costosos adornos de ellos tres, empezaron a rebajar su altanería y por auténtica vergüenza abandonaron todos aquellos suntuosos atavíos de los que estaban tan orgullosos. Y especialmente cuando hubieron hablado en confianza con los utopienses y supieron todos sus usos e ideas. Pues ellos se maravillan de que haya hombre tan tonto como para sentir deleite o placer con el dudoso fulgor de una piedrecita insignificante cuando puede ver cualquier estrella o el mismo sol y de que ningún hombre sea tan loco como para considerarse más noble por un hilo de lana más menudo o más fino cuando la misma lana (aunque ahora sea un hilo nunca tan finamente tejido) la llevaba antes una oveja y sin embargo durante todo este tiempo no era otra cosa que una oveja. Se maravillan también de que el oro que de suyo es una cosa tan inútil, esté ahora entre todo el mundo en tan alta estimación que el mismo hombre, por el cual y ciertamente para uso del cual es tan valorado, sea tenido en mucha menos estimación que el mismo oro. De manera que un estúpido villano de cabeza roma y que no tiene más inteligencia que un asno, cierto, y tan lleno de maldad como de locura, tendrá sin embargo a muchos hombres sabios y buenos en sumisión y esclavitud sólo porque tiene un gran montón de oro que si le fuera arrebatado por algún azar o por cualquier sutil estratagema o artificio legal (que no menos que la fortuna eleva a los bajos y hunde a los altos) y fuera entregado al más vil esclavo y abyecto paniaguado de toda su casa, él acabaría poco después al servicio de su criado en calidad de incremento o propina además de su dinero. Pero ellos se maravillan mucho más y detestan la locura de aquellos que rinden honores casi divinos a los ricos, de quienes no son deudores ni dependientes, sin más razonamiento que porque son ricos y a pesar de saber que son unos tacaños tan mezquinos que están seguros de que mientras vivan no obtendrán ni el valor de un cuarto de penique de aquel montón de oro. Estas y otras parecidas opiniones han llegado en parte por educación al ser criados en aquella república cuyas leyes y costumbres son completamente contrarias a estos tipos de locura, y en parte a través de la literatura y el estudio. Pues aunque en cada ciudad no hay muchos que estén exentos y dispensados de todos los restantes trabajos y dedicados sólo al estudio, es decir aquellos a quienes desde su misma infancia hayan percibido una especial disposición, un ingenio sutil y una mente apta para las enseñanzas superiores, sin embargo todos en su infancia son instruidos en el estudio. Y el sector más selecto del pueblo, tanto hombres como mujeres, durante toda su vida dedica al estudio las horas libres que dijimos que le quedaban vacantes de los trabajos corporales. Son instruidos en el estudio en su propia lengua nativa, pues es tan rica en palabras como agradable al oído y muy completa y segura para la expresión del pensamiento humano. La mayor parte de todo aquel sector del mundo usa la misma lengua, sólo que en los utopienses es la más pulida y pura y se altera en diversa medida según la diversidad de países. De todos los filósofos cuyos nombres se oyen como famosos en esta parte del mundo conocida por nosotros, antes de nuestra llegada allí, ni siquiera les había llegado la fama de ninguno de ellos. Y sin embargo en Música, Lógica, Aritmética y Geometría han descubierto en cierto modo todo lo que nuestros antiguos filósofos enseñaron. Pero así como ellos en todas las cosas son casi igual a nuestros antiguos estudiosos, en sutiles invenciones, nuestros nuevos lógicos les han superado e ido mucho más lejos que ellos. Pues ellos no han imaginado ni una de todas estas reglas de restricciones, amplificaciones y suposiciones muy ingeniosamente descubiertas en las pequeñas Logicales[67] que aquí nuestros niños aprenden en todas partes. Además todavía no han sido nunca capaces de encontrar la segunda intención de la misma manera que ninguno de ellos pudo nunca ver al hombre en común, como le llaman, aunque es, como sabéis, más grande que nunca lo fue gigante alguno y ciertamente localizado por nosotros incluso con el dedo. Pero son muy expertos y hábiles en el curso de las estrellas y el movimiento de las esferas celestes. También han proyectado y diseñado ingeniosamente instrumentos de diversos tipos en los cuales se comprenden y contienen exactamente los movimientos y situaciones del sol, la luna y de todas las demás estrellas que apare-

67 Irónica referencia a las *Summulae Logicales* de Petrus Hispanus, papa en 1276-1277 con el nombre de Juan XXI; el libro VII era conocido como *Parva Logicalia*. Moro critica la obra en una carta de 1515.

cen en su horizonte. Pero en cuanto a las atracciones y repulsiones de los planetas y toda esa engañosa adivinación por medio de los astros, ni siquiera han soñado con eso nunca. Conocen de antemano las lluvias, vientos y otros procesos tempestuosos por ciertas señales que han aprendido con el largo uso y observación. Pero sobre las causas de todas estas cosas y el reflujo y flujo y salinidad del mar y finalmente sobre el principio original y naturaleza del cielo y del mundo, sostienen en parte las mismas opiniones que sostienen nuestros antiguos filósofos y en parte, de la misma manera que nuestros filósofos se diferencian entre sí, también ellos, mientras aportan nuevos argumentos sobre las cosas están en desacuerdo con todos y sin embargo no llegan a ponerse de acuerdo entre ellos en todos los puntos. En aquella parte de la filosofía que trata de las costumbres y de la moral, sus razones y opiniones coinciden con las nuestras. Discuten de las buenas cualidades del alma, del cuerpo y de la fortuna y de si el término de bienes puede aplicarse a todos ellos o sólo a las dotes y dones del alma. Razonan sobre la virtud y el placer. Pero la cuestión capital y principal es en qué cosa, una o más, consiste la felicidad del hombre. Pero en este punto parecen casi demasiado dados e inclinados a la opinión de los que defienden el placer en el cual concretan que descansa toda o la parte principal de la felicidad del hombre.[68] Y (lo que es más de maravillar) basan la defensa de esta opinión tan refinada y delicada incluso en su grave, severa,

68 Influencia del epicureísmo primitivo.

dura y rigurosa religión. Pues nunca discuten sobre la felicidad o la bienaventuranza sin unir a las razones de la filosofía ciertos principios sacados de la religión sin los cuales creen a la razón débil e imperfecta por sí misma para la investigación de la verdadera felicidad. Los principios son estos y otros análogos: Que el alma es inmortal y destinada a la felicidad por la misericordiosa bondad de Dios. Que después de esta vida se reservan premios a nuestras virtudes y buenas acciones y castigos a nuestras malas acciones. Aunque esto pertenece a la religión piensan que conviene que se crea y confirme con pruebas racionales. Pero si estos principios fueran condenados y anulados entonces declaran sin dudar que ningún hombre sería tan loco que no aplicara toda su diligencia y esfuerzo para obtener placer a las buenas o a las malas evitando solamente este inconveniente: que el placer menor no fuera un estorbo o impedimento para uno mayor o que no se procurara un placer que le provocara posteriormente desplacer, dolor y pena. Pues consideran una absoluta locura el practicar una virtud severa y penosa y no sólo desterrar los placeres de la vida sino además sufrir penas voluntariamente sin que se siga de ello ninguna esperanza o provecho. Pues ¿qué provecho puede haber si un hombre, cuando ha pasado toda su vida sin placer, es decir miserablemente, no tiene recompensa después de su muerte? Ahora bien, señor, ellos no piensan que la felicidad resida en todo placer sino sólo en aquel que es bueno y honesto y que a esto como a la perfecta bienaventuranza nuestra naturaleza es llamada y atraída precisamente por la virtud, la única a la que los que son de contraria opinión atribuyen la felicidad. Pues ellos definen que la virtud es la vida ordenada de acuerdo con la naturaleza y que nosotros estamos orientados a esto por Dios. Y que sigue el curso de la naturaleza quien al querer y rehusar cosas es gobernado por la razón. Por añadidura la razón es principalmente y en primer lugar la que enciende en los hombres el amor y veneración de la Divina Majestad a cuya bondad se debe que existamos y que tengamos la posibilidad de conseguir la felicidad. Y en segundo lugar nos incita y apremia a llevar una vida fuera de cuidado o con alegría y contento y además nos mueve a ayudar y promocionar a todos los demás respecto a la solidaridad natural para obtener y disfrutar lo mismo. Pues nunca hubo hombre tan celoso y esforzado seguidor de la virtud y enemigo del placer que os quisiera imponer afanes, vigilias y ayunos sin que os exhortara también a suavizar, mitigar y aliviar según vuestros medios la carencia y miseria de los demás, alabándolo como acción humanitaria y piadosa. Entonces si es una cuestión de humanidad que el hombre lleve salud y consuelo al hombre y especialmente (lo que es una virtud muy típicamente propia del ser humano) que mitigue y suavice la pena de los demás y, al quitarles la tristeza y pesadumbre de la vida, les devuelva la alegría, es decir, el placer ¿por qué no puede entonces decirse que la naturaleza apremia a todo hombre a hacer igualmente consigo mismo? Pues una vida gozosa, es decir, una vida placentera, o bien es mala y, si es así, entonces no deberías ayudar a nadie a alcanzarla sino más bien, en la medida que dependiera de ti, apartar a todos los hombres de ella como perjudicial o dañina, o bien si no sólo puedes sino que además estás obligado por deber a procurarla a los demás, ¿por qué no en primer lugar a ti mismo? Estás obligado a mostrar la misma benevolencia y amabilidad a ti como a los otros. Pues cuando la naturaleza te ordena ser bueno y afable para con los demás te manda que no seas cruel ni riguroso contigo mismo. Por eso incluso la propia naturaleza, dicen ellos, nos prescribe una vida gozosa, es decir, el placer como finalidad de todas nuestras acciones. Y definen la virtud como vida ordenada de acuerdo con las prescripciones de la naturaleza. Pero en esto que la naturaleza incline y mueva a los hombres a ayudarse los unos a los otros para vivir alegremente (lo que seguramente no hace sin un buen motivo pues no hay hombre tan por encima del común del estado o condición humana que la naturaleza cuide y se preocupe de él solo sino que favorece igualmente a todos los que están comprendidos en el factor común de una misma estructura y hechura) verdaderamente te ordena usar de diligente circunspección para que no busques tu propia comodidad a costa de procurar la incomodidad de los demás. Por esto su opinión es que no sólo los pactos y negocios hechos entre particulares han de ser bien y fielmente cumplidos, observados y mantenidos, sino también las leyes comunes, tanto si un buen príncipe las ha promulgado justamente como si el pueblo, no oprimido por la tiranía y engañado por fraudes y manipulaciones, las ha establecido y ratificado de común acuerdo en lo tocante al reparto de las comodidades de la vida, es decir, la materia del placer. Salvaguardadas estas leyes, es de sabiduría que mires por tu propio bienestar. Y hacer lo mismo para la república no es menos tu deber si sientes un amor reverente o un celo y afecto naturales por tu país natal. Pero andar por ahí para impedir el placer de otro hombre mientras procuras el tuyo propio, esto es una injusticia manifiesta. Por el contrario, renunciar a algo propio para dárselo a otro es un rasgo de humanidad y generosidad que nunca quita tanta comodidad como la que da a cambio pues se ve recompensado con el reconocimiento de los beneficios, y la conciencia de la buena acción junto con el recuerdo del agradecido afecto y benevolencia de aquellos a quienes has hecho esto proporciona más placer a tu espíritu que aquello a lo que has renunciado habría podido proporcionar a tu cuerpo. Finalmente (lo cual fácilmente convence a un espíritu religioso e inclinado a la devoción) Dios recompensa la ofrenda de un corto y pequeño placer con grande y eterna alegría. Por esto, sospesado y considerado concienzudamente el asunto, ellos piensan así: que todas nuestras acciones y entre ellas las mismas virtudes se orientan al final al placer como a su fin y felicidad. Por placer entienden todo movimiento y estado del cuerpo o del espíritu en el cual el hombre encuentra deleite por naturaleza. Atribuyen los apetitos a la naturaleza y esto no sin un buen motivo. Pues así como tanto los sentidos como la recta razón ambicionan lo que es naturalmente placentero siempre y cuando pueda alcanzarse sin perjuicios ni injusticias, sin impedir u obstaculizar un mayor placer ni produciendo doloroso esfuerzo, así también aquellas cosas que con ideas vanas los hombres pretenden contra naturaleza que son placenteras (como si estuviera en su placer cambiar las cosas como hacen con el nombre de las cosas), creen que todos estos placeres son de tan poca ayuda y fomento para la felicidad que los consideran un gran impedimento y estorbo. Porque de aquel en quien se han asentado una vez se adueñan de toda su mente con un falso concepto sobre el placer. O sea que no queda lugar para los deleites verdaderos y naturales. Pues hay muchas cosas que por propia naturaleza no presuponen una complacencia sino muchas penas y quebrantos la mayor parte de ellas. Y sin embargo a través de los dudosos atractivos perversos y maliciosos de los deseos lujuriosos y deshonestos son tomados no sólo por placeres especiales y soberanos sino que se cuentan entre las razones capitales de la vida. Dentro de este falso tipo de placer colocan a aquellos de quienes antes hablé que cuanto mejores son las togas que llevan encima tanto mejores personas se creen, en lo cual se equivocan doblemente pues no están menos equivocados al pensar que sus togas son las mejores que lo están al creerse los mejores ellos. Pues si consideráis la utilidad práctica de los vestidos ¿por qué ha de pensarse que la lana tejida con un hilo más fino es mejor que la lana tejida con un hilo más basto? Sin embargo, ellos como si uno superara al otro por naturaleza y no en el error se pavonean y creen que el valor de sus propias personas se ha incrementado en gran manera con esto. Y por eso reclaman el honor que no se habrían atrevido a esperar con una toga más sencilla como si fuera un tributo debido a sus togas más finas. Y si se pasa por su lado sin acatamiento se sienten disgustados y desairados. Y además ¿no es como una locura estar orgulloso de vanos e inútiles honores? Pues ¿qué natural o auténtico placer encuentras en la cabeza descubierta o en las rodillas dobladas de otros hombres? ¿Aliviará esto el dolor de tus rodillas o remediará tu jaqueca? En esta idea del falso placer son de una admirable locura los que por el concepto de nobleza se complacen mucho en su propia presunción porque quiso el azar que vinieran de determinados antepasados, a cuya estirpe se ha considerado rica desde mucho tiempo atrás (pues hoy en día la nobleza no es nada más) especialmente ricos en tierras. Y aunque sus antecesores no les dejaran ni un palmo de terreno o ellos mismos lo hayan echado a perder piensan que no han disminuido ni un pelo en nobleza. En el número de estos cuentan también a los que encuentran placer y deleite (como dije) en gemas y piedras preciosas y se creen casi dioses si consiguen obtener una pieza excelente especialmente del tipo que en aquel tiempo es tenido en más estimación por sus compatriotas. Pues una misma clase de piedra no conserva su precio invariable en todos los países ni en cualquier época. No las compran sino desprendidas del oro y desnudas, ni tampoco a menos que hayan hecho jurar al vendedor que garantizará y asegurará que es una piedra verdadera y no una gema falsa. Tantas precauciones toman para que una piedra falsa no pase a sus ojos por una piedra verdadera. Pero ¿por qué no puedes tener el mismo placer contemplando una piedra falsa si tu ojo no puede distinguirla de una verdadera? Ambas deberían tener el mismo valor para ti que para el hombre ciego. ¿Qué diré de aquellos que conservan riquezas superfluas para obtener deleite sólo de la contemplación y no del uso o aplicación de las mismas? ¿Consiguen un verdadero placer o bien son engañados con un falso placer?, ¿o de aquellos que caen en un vicio opuesto, escondiendo el oro que nunca utilizarán o tal vez no verán nunca más? Y mientras se preocupan de no perderlo lo pierden en realidad. Pues ¿qué es si no, cuando lo esconden bajo tierra retirándolo tanto del uso propio como tal vez de cualquier otro hombre? Y sin embargo cuando has escondido tu tesoro, como si estuvieras libre de todo cuidado, esperas la alegría. Si robaran este tesoro y tú murieras diez años después ignorante del robo, ¿qué te importaría durante todo el espacio de diez años que viviste después, que tu dinero fuera robado, que lo hubieran sacado o que estuviera a salvo como lo dejaste? Verdaderamente de ambas maneras te aprovecha lo mismo. Entre estos placeres tan estúpidos añaden a los jugadores de dados, cuya locura conocen de oídas y no por experiencia. Cazadores y halconeros, también. Pues ¿qué placer se encuentra, dicen, en echar los dados sobre una mesa? Lo cual has hecho tan a menudo que aunque produjera algún placer la práctica frecuente te lo haría aburrir. O ¿qué deleite puede haber, y no más bien desagrado, en oír los ladridos y los aullidos de los perros? O ¿qué placer más grande se puede sentir cuando un perro persigue a una liebre que cuando un perro persigue a otro perro? Pues una cosa tiene lugar en ambos casos, es decir, el correr, si es que encuentras placer en ello. Pero si el deseo de la matanza y la emoción de ver despedazado al animal es lo que te gusta, deberías más bien sentir piedad al ver a una simple e inocente liebre sacrificada por los perros, el más débil por el más fuerte, el atemorizado por el fiero, el inocente por el cruel y despiadado. Por esto todo este ejercicio de la caza, como cosa inmerecedora de ser practicada por hombres libres, los utopienses lo han relegado a sus matarifes, oficio al que, como antes dijimos, dedican a sus esclavos. Pues consideran la caza como el aspecto más bajo, más vil y más abyecto de la carnicería y sus otros aspectos más provechosos y más honestos por aportar muchos más beneficios, por cuanto ellos sólo matan animales por necesidad, mientras el cazador no busca más que el placer en la carnicería y matanza de los simples y atemorizados animales. Creen que este placer en contemplar la muerte surge en las auténticas bestias o bien por una cruel afección de la mente o bien para transformarse con el tiempo en crueldad por la larga práctica de un placer tan cruel. Por tanto, estos y todos los parecidos que son innumerables, aunque el vulgo los considera placeres, sin embargo ellos, viendo que no tienen nada de agradables por naturaleza, llegan plenamente a la conclusión de que no tienen ninguna afinidad con el placer verdadero y genuino. Pues en lo tocante a que deleitan a los sentidos (lo que parece ser efecto del placer) esto no menoscaba en absoluto su opinión. Pues la causa de ello no es la naturaleza de la cosa sino sus costumbres perversas y depravadas. Lo cual motiva que acepten cosas amargas o agrias en vez de cosas más dulces de la misma manera que las mujeres embarazadas con sus gustos viciados y corrompidos creen que la brea y el sebo son más dulces que la miel. A pesar de todo ningún juicio humano depravado y corrompido por enfermedad o por costumbre puede cambiar la naturaleza del placer más de lo que puede hacer con la naturaleza de otras cosas. Distinguen diferentes clases de placer ya que algunos los atribuyen al alma y algunos al cuerpo. Al alma atribuyen la inteligencia y el deleite que proviene de la contemplación de la verdad. A estos se añaden los buenos recuerdos placenteros de la vida pasada. El placer del cuerpo lo dividen en dos partes. El primero es cuando el deleite es sensiblemente sentido y percibido, lo cual ocurre muchas veces por la renovación y refresco de las partes que seca nuestro calor natural. Este procede de la comida y la bebida. Y a veces mientras se expulsan y vacían las cosas de las cuales hay en el cuerpo excesiva abundancia. Este placer se siente cuando hacemos nuestra evacuación natural o cuando estamos en el acto de la generación o cuando el picor de alguna parte se alivia fregando o rascando. A veces el placer surge sin mostrar a ningún órgano nada que desee ni librándole de ninguna molestia que sienta, y sin embargo excita y mueve nuestros sentidos con cierta eficacia secreta, sino que los atrae con un impulso manifiesto como el que procede de la música. La segunda parte del placer corporal, dicen, es la que consiste y reside en el estado sosegado y sano del cuerpo. Y en esto verdaderamente consiste la salud de cada hombre, no mezclada ni inquietada con dolor alguno. Pues esta, si no es atacada ni estorbada por ningún dolor, es deleitable por sí misma aunque no sea promovida por ningún placer externo o visible. Pues aunque no sea tan claro ni manifiesto a los sentidos como el ansioso deseo de comer o beber, sin embargo muchos lo consideran el placer capital. Todos los utopienses reconocen que es un muy soberano placer y, por decirlo así, la fundación y base de todos los placeres como el que por sí solo es capaz de hacer deleitable y placentero el estado y condición de la vida. Y si desaparece no queda lugar para ningún placer. Pues estar sin dolor cuando no se tiene salud, a esto lo llaman insensibilidad y no placer. Los utopienses hace mucho tiempo que han rechazado y condenado la opinión de que la salud constante y sosegada (pues esta cuestión ha sido también entre ellos cuidadosamente debatida) no debería ser considerada como placer porque dicen que no puede ser de hecho y sensiblemente percibida y sentida por alguna operación externa sino que por el contrario ahora casi todos están de acuerdo en esto de que la salud es el más soberano placer. Pues viendo, dicen, que en la enfermedad hay dolor el cual es un enemigo mortal del placer así como la enfermedad lo es de la salud, ¿por qué no habría de haber placer en el sosiego de la salud? Pues dicen que poco importa en esto que digas que la enfermedad es un dolor o que en la enfermedad hay dolor porque todo va a parar a lo mismo. Pues tanto si la salud es un placer como si es la causa necesaria del placer como el fuego lo es del calor, verdaderamente de ambas cosas se sigue que no pueden estar sin placer los que gozan de buena salud. Además, mientras comemos (dicen) la salud, que empezaba a debilitarse, lucha contra el hambre con ayuda de la comida. En esta lucha, mientras la salud domina poco a poco la situación, este proceso (por decirlo así), este avance hacia el vigor habitual proporciona aquel placer por el cual nos sentimos tan renovados. Por eso la salud, que en la lucha está contenta, ¿no se sentirá alegre cuando haya alcanzado la victoria? ¿O es que tan pronto como haya recobrado el prístino vigor, única cosa que se ambiciona en toda la lucha, ha de insensibilizarse inmediatamente? ¿No conocerá y asumirá la propia salud y bienestar? Pues eso que dicen de que la salud no puede sentirse, piensan ellos que no es verdad. Pues ¿qué hombre hay, dicen, que al despertar no se sienta con salud, excepto quien no la tiene? ¿Hay hombre poseído hasta tal punto de sorprendente insensibilidad o letargia, es decir, la enfermedad del sueño, que no admita que la salud es aceptable y deleitable para él? Pero ¿qué otra cosa es el deleite sino aquello que con otro nombre se llama placer? Ellos admiten principalmente los placeres del espíritu a los que consideran los primeros y más principales de todos. Piensan que la mayor parte de ellos proviene de la práctica de la virtud y de la conciencia de una vida buena. Entre los placeres que proporciona el cuerpo dan la preeminencia a la salud. En cuanto al deleite del comer y el beber y cualquier cosa que produzca un análogo estado placentero, concluyen que son placeres muy deseables pero en función nada más que de la salud, ya que tales cosas por propia naturaleza, no son placenteras más que en la medida que impiden que la enfermedad se presente subrepticiamente. Por eso así como es más propio del hombre prudente evitar la enfermedad que querer medicinas y mejor ahuyentar y poner en fuga a los penosos sufrimientos que pedir consuelo, así es mucho mejor no necesitar esta clase de placer que ser aliviado por el del dolor contrario. Si alguien toma este tipo de placer por su felicidad, ese hombre debe necesariamente admitir que conseguirá la máxima felicidad si vive aquella vida que se pasa en hambre continua, sed, picazón, comiendo, bebiendo, rascando y fregando. ¿Quién no percibe tanto lo estúpida y deshonesta como lo miserable y desgraciada que es esta vida? Estos son sin duda los más bajos placeres de todos por impuros e imperfectos pues nunca vienen sino acompañados de sus dolores contrarios así como al placer de comer va unida el hambre y esto en términos no muy equitativos pues de los dos el dolor es el más intenso y además el de más larga duración ya que empieza antes que el placer y no acaba hasta que el placer muere con él. Por eso piensan que estos placeres no son para ser grandemente apreciados más que en la medida que son necesarios. Sin embargo también se deleitan en estos y reconocen con agradecimiento el tierno amor de la madre naturaleza que con el más agradable deleite atrae a sus hijos a aquello al uso necesario de lo cual de vez en cuando están obligados e impulsados regularmente. Pues ¿cuán desgraciada y miserable sería nuestra vida si estos dolores cotidianos del hambre y la sed no pudieran ser alejados más que con bebidas amargas y agrias medicinas como lo son las demás enfermedades que nos afligen más raramente? Pero la belleza, el vigor, la agilidad, estos, como dones peculiares y agradables de la naturaleza, los ejercitan mucho. Y en cuanto a los placeres que se reciben por los oídos, los ojos y la nariz, los cuales quiso la naturaleza que fueran propios y peculiares del hombre (pues ninguna otra criatura viviente contempla la belleza y hermosura del mundo o es movida por ninguna consideración de los sabores sino únicamente por la diversidad de las viandas, ni percibe las distancias concordantes y discordantes de los sonidos y de los tonos) estos placeres, digo, los aceptan y permiten como auténticos gozos agradables de la vida. Pero en todas las cosas usan la precaución de que un placer menor no estorbe uno mayor y que el placer no sea causa de desplacer, el cual piensan que se sigue necesariamente si el placer es deshonesto. Pero despreciar la apostura de la belleza, gastar el vigor del cuerpo, convertir la agilidad en torpeza, consumir y debilitar el cuerpo con ayunos, atentar contra la salud y rechazar los impulsos placenteros de la naturaleza, a menos que un hombre neglija estas ventajas mientras con ferviente celo procura la salud de los otros o el provecho común ya que absteniéndose de este placer tiene la esperanza de alcanzar mayores placeres de manos de Dios, o bien castigarse a sí mismo por una vana sombra de virtud o por ninguna riqueza ni provecho para nadie o con el intento de ser capaz de sufrir animosamente la adversidad que tal vez nunca le sobrevendrá, hacer esto piensan que es un punto de extrema locura y un indicio de hombre malintencionado para consigo mismo e ingrato con la naturaleza como uno que desprecia tanto la idea de estar en deuda con ella que renuncia y rechaza todos sus beneficios.

Este es su juicio y opinión sobre la virtud y el placer. Y creen que a través de la razón humana no puede encontrarse nada más verdadero que esto a menos que algo más divino sea inspirado al hombre desde el cielo.[69] Si opinan bien o no sobre esto ni el tiempo nos permite, ni es ahora necesario, discutirlo. Pues hemos acometido la tarea de mostrar y declarar sus costumbres y ordenamientos y no de defenderlos. Pero ciertamente creo esto: que sean como fueren estos decretos, no hay en ningún lugar del mundo ni un pueblo más excelente ni una república más floreciente. Son ligeros y rápidos de cuerpo, llenos de actividad y de agilidad y de más fuerza de la que un hombre les juzgaría capaces por su estatura que, de todos modos, no es demasiado baja. Y aunque su suelo no es muy fértil ni su aire muy sano, sin embargo, contra el aire se defienden con un régimen alimenticio moderado y disponen y cultivan sus tierras con tan diligente trabajo que no hay país de mayor progreso y abundancia de trigo y de ganado ni cuerpos humanos de más larga vida y sujetos o propensos a menos enfermedades. Por eso allí uno puede ver explotadas y provistas bien y diligentemente no sólo las cosas que los campesinos hacen comúnmente en otros países, como remediar con arte y habilidad la aridez del suelo, sino también cómo un bosque entero es arrancado de raíz por mano del hombre de un lugar y plantado de nuevo en otro lugar. En lo cual se ha atendido y consi-

69 La fe complementaría la razón y la naturaleza. Ecos del *Elogio de la locura* de Erasmo.

derado no la abundancia sino el transporte cómodo para que la madera y la leña pudiera estar más cerca del mar o de los ríos o de las ciudades. Pues es menos trabajo y esfuerzo transportar lejos el grano por tierra que la madera. La gente es amable, alegre, rápida y fina de ingenio, goza de sosiego y cuando hace falta es apta para aguantar y soportar mucho trabajo corporal por el que por otra parte no sienten mucha impaciencia ni afición; pero del ejercicio y estudio intelectual nunca se cansan. Cuando me oyeron hablar de la literatura o ciencia griega (pues no pensé que en latín hubiera nada que aceptaran grandemente aparte de historiadores y poetas) me pidieron insistentemente y con sorprendente interés que les enseñara e instruyera en aquella lengua y saber. Así pues empecé a aleccionarles, en principio más en realidad para que no pareciera que rehusaba el trabajo que porque esperara que encontraría algún provecho en ello. Pero cuando había avanzado un poco percibí inmediatamente por su aplicación que mi trabajo no sería impartido en vano pues empezaron tan fácilmente a hacer sus letras, tan claramente a pronunciar las palabras, tan rápidamente a aprender de memoria y con tanta seguridad a repetirlo que me maravillé. Claro que la mayoría de ellos eran ingenios selectos y escogidos y de edad madura, elegidos de entre el grupo de eruditos que no sólo por propio deseo libre y voluntario sino también por mandato del Consejo, emprendió la tarea de aprender esta lengua. Por eso en menos de tres años no había nada en lengua griega que ignoraran. Eran capaces de leer buenos autores sin ninguna vacilación si el libro no estaba equivocado. Supongo que captaron tan pronto esta rama del saber porque está en cierto modo relacionada con ellos. Pues pienso que esta nación tuvo sus orígenes en los griegos puesto que su habla que en todos los restantes aspectos no es muy distinta del persa, conserva distintos signos y muestras de la lengua griega en los nombres de sus ciudades y de sus magistrados. Tienen por mi mediación (pues cuando decidí iniciar mi cuarto viaje embarqué un buen montón de libros en vez de mercadería porque me proponía más bien no regresar nunca que pronto) tienen, digo, por mi mediación la mayor parte de las obras de Platón más las de Aristóteles, también de Teofrasto[70] sobre las plantas aunque deteriorado, cosa que siento, en varios lugares ya que mientras nos hallábamos a bordo un macaco encontró el libro, que estaba descuidadamente abandonado y jugando traviesamente con él, arrancó algunas hojas y las hizo pedazos. De los que han escrito sobre gramática sólo tienen el Lascaris pues el Teodoro no lo llevé conmigo ni más diccionarios que el Hesiquio y el Dioscórides.[71] Dan mucha importancia a los libros de Plutarco y se deleitan con las graciosas ocurrencias y chistes de Luciano. Entre los poetas tienen a Aristófanes,

70 Discípulo de Aristóteles (s. IV-III a.C.) de quien se han conservado estudios botánicos.

71 Los *Erotemata*, cuestiones de Gramática griega de Lascaris se publicaron en 1495. Del mismo año es la publicación de la Gramática griega de Teodoro Gaza. El léxico griego de Hesiquio, gramático alejandrino del s. V, se imprimió en Venecia en 1514, lo cual sitúa la redacción de *Utopía* después de esta fecha. Dioscórides fue un médico de la época de Nerón, que recopiló un glosario de las obras de Hipócrates.

Homero, Eurípides y Sófocles en la pequeña edición de Aldo.[72] Entre los historiadores tienen a Tucídides, Herodoto y Herodiano. Mi compañero Tricio Apinato[73] también llevaba consigo libros de medicina, algunas obras breves de Hipócrates y la Microtecné[74] de Galeno, libro que tienen en gran estima pues aunque no hay nación bajo el cielo que tenga menos necesidad de la medicina que ellos, a pesar de todo la medicina en ninguna parte es tan respetada porque consideran su conocimiento entre las mejores y más útiles partes de la filosofía pues investigando los secretos enigmas de la naturaleza con ayuda de esta filosofía piensan que reciben con ello no sólo un placer extraordinariamente grande sino que obtienen además el reconocimiento y favor del Autor y Hacedor de la misma de quien piensan, de acuerdo con la costumbre de otros artífices, que ha exhibido la maravillosa y espléndida estructura de la tierra para que atentamente y con gran afecto la contemple el hombre, único a quien Él ha hecho con ingenio y capacidad para examinar y entender la excelencia de un trabajo tan grande. Y por eso tiene, dicen, más buena voluntad y amor por el que contempla y ve su trabajo y se maravilla del mismo que por aquel que como una bestia muy rústica sin ingenio ni razón o como uno sin sentido ni emociones, no tiene aprecio para un espec-

72 Aldo Manucio, famoso impresor humanista veneciano que había muerto en 1515.

73 De Tricia y Apina, ciudades italianas asociadas en proverbios latinos para designar algo absurdo. Pedro Voltes en su ed. de *Utopía* lo compara a la expresión castellana «entre Pinto y Valdemoro».

74 Texto reducido de la obra galénica.

táculo tan grande y maravilloso. Por eso la inteligencia de los utopienses, habituada y ejercitada en el saber, es extraordinariamente aguda en la invención de técnicas que ayuden en algo para las comodidades y bienes de la vida. Sin embargo pueden agradecernos dos cosas. Es decir la ciencia de la imprenta y la técnica de la fabricación del papel. Y así y todo no sólo a nosotros sino básica y principalmente a sí mismos.

Pues cuando les enseñamos la edición de Aldo en libros de papel y les hablamos del material con que se hacía el papel y de la técnica de la impresión, hablando algo más de lo que podíamos manifestar claramente (pues no había ninguno de nosotros que conociera a la perfección lo uno ni lo otro), ellos en seguida comprendieron el asunto muy inteligentemente. Y así como antes sólo escribían en pieles, cortezas de árboles y papiro, ahora han intentado hacer papel e imprimir letras. Y aunque al principio no resultó perfecto, sin embargo intentando lo mismo con frecuencia, en poco tiempo aprendieron la técnica de ambas cosas. Y han conseguido tan buenos resultados que si tuvieran ejemplares de autores griegos no carecerían de libros. Pero ahora no tienen más que los que mencioné antes, sólo que a base de imprimir libros los han multiplicado e incrementado por millares de ejemplares. A cualquiera que vaya allí a ver el país con tal que sobresalga en algún don o ingenio o sea muy experimentado y versado en el conocimiento de muchos países por haber viajado mucho y ampliamente (por tal causa fuimos muy bien recibidos por ellos) le reciben y atienden que es una maravilla de amabilidad y afecto. Pues se deleitan oyendo lo que se hace en cada país aunque muy pocos mercaderes llegan allí. Pues ¿qué podrían llevar a menos que fuera hierro, o bien oro y plata que preferirían llevarse a su país? Además en cuanto a las cosas que han de salir de su país creen que es más sabio exportar el equipo ellos mismos que el que otros tengan que ir allí a buscarlo, para poder conocer mejor el mundo exterior en una y otra dirección y seguir practicando la técnica y conocimiento de la navegación.

VII. *De los esclavos, personas enfermas, matrimonio y otras materias diversas*

Nunca convierten en esclavos a los prisioneros capturados en batalla, a menos que sea batalla que entablan ellos, ni a los hijos de esclavos ni, en resumen, a nadie que puedan adquirir en países extranjeros aunque allí sea un esclavo sino a los que entre ellos mismos son castigados con la esclavitud por delitos odiosos, o bien aquellos a quienes en las ciudades de otras tierras condenan a muerte por infracciones graves. Y de esta clase de esclavos tienen la mayor parte del surtido.

Pues a muchos de estos los importan a veces pagando muy poco por ellos o en verdad, las más de las veces, obteniéndolos gratuitamente. Tienen a este tipo de esclavos no sólo en continuo trabajo y labor sino también encadenados. Pero tratan con máxima dureza a sus propios hombres, a quienes consideran casos perdidos y haber merecido mayor castigo porque estando tan bien educados para la virtud en tan excelente república no se les pudo impedir que obraran mal. Tienen otro tipo de esclavos cuando un mísero bracero que es un pobre labrador en otro país elige por propia voluntad ser su esclavo. A ésos los tratan y dirigen correctamente y los acogen casi con la misma amabilidad que a sus propios ciudadanos libres salvo que les imponen un poco más de trabajo como habituados a él. Si alguno decide marcharse de allí (lo cual se ve raras veces) nunca le retienen contra su voluntad ni le despiden con las manos vacías. Cuidan a los enfermos (como dije) con gran afecto y no dejan en absoluto pasar nada por alto concerniente a la medicina o a una buena dieta con lo que pueda devolvérseles de nuevo la salud. Confortan a los que están afectados de enfermedades incurables sentándose a su lado, hablando con ellos y para resumir con toda clase de ayudas que pueden existir. Pero si la enfermedad es no sólo incurable sino llena de continuo sufrimiento y angustia, entonces los sacerdotes y los magistrados exhortan al hombre viendo que no es capaz de hacer ninguna función vital y que sobreviviendo a su propia muerte es perjudicial y molesto para los demás y pesado para sí mismo, a que se decida a no consentir más esa pestilente y dolorosa enfermedad. Y viendo que su vida no es para él más que una tortura, que no sea reacio a morir sino mejor que cobre buenos ánimos y se desembarace a sí mismo de esta dolorosa vida como de una prisión o de un potro de tormento, o permita de buen grado que otro le libre de ella. Y le dicen que obrando así hará sabiamente, viendo que con su muerte no perderá ningún privilegio sino que acabará con su dolor. Y puesto que en este acto seguirá el consejo de los sacerdotes, es decir, de los intérpretes de la voluntad y gusto divinos, le hacen ver que obrará como hombre bueno y virtuoso. Los que son así convencidos ponen fin a sus vidas voluntariamente de hambre o bien mueren durante el sueño sin ninguna sensación de agonía. Pero no obligan a nadie a morir contra su voluntad ni dejan de usar la misma diligencia y cuidado con él, aunque creen que esta es una muerte honorable. Por otra parte el que se suicida antes que los sacerdotes o el Consejo hayan aceptado el motivo de su muerte, lo tiran sin enterrar a algún apestoso pantano como indigno de ser enterrado o consumido por el fuego.

La mujer no se casa hasta que tiene dieciocho años de edad. El hombre ha de ser cuatro años mayor antes de casarse. Si se demuestra que el hombre o la mujer han pecado de hecho con otro antes de su matrimonio, la parte que así ha faltado es severamente castigada. Y a ambos infractores se les prohíbe que en adelante se casen, en toda su vida, a menos que la falta sea absuelta por el perdón del príncipe. Pero tanto el cabeza como la madre de familia de la casa donde se ha cometido la ofensa, por ser descuidados y negligentes en atender a su responsabilidad, están en peligro de gran censura e infamia. Esta infracción se castiga tan duramente porque entienden que a menos que se coarte con empeño la libertad para este vicio, pocos se unirán en el amor del matrimonio en el que se ha de pasar toda la vida con uno y además llevar y soportar con paciencia todas las penas y molestias que le acompañan.

Además en la elección de las esposas y de los maridos observan solemne y estrictamente una costumbre que nos pareció muy grotesca y extravagante. Pues una grave y respetable matrona enseña la mujer, sea doncella o viuda, desnuda al pretendiente. E igualmente un varón prudente y discreto exhibe al pretendiente desnudo ante la mujer. Y nosotros nos reíamos de esta costumbre y la desaprobábamos como ridícula. Pero ellos por otra parte se maravillan grandemente de la locura de otras naciones que cuando compran un potro donde está en juego un poco de dinero son tan escrupulosos y circunspectos que aunque esté casi completamente desguarnecido no lo comprarán a menos que se le quite la silla y todos los arreos no fuera que bajo estas cubiertas se escondiera alguna matadura o llaga, y sin embargo al escoger esposa que después será para ellos placer o desagrado durante toda la vida son tan negligentes que, como todo el resto del cuerpo de la mujer está cubierto de ropa, la juzgan escasamente por el ancho de una mano (pues no pueden ver más que su cara) y así la unen a ellos no sin gran riesgo de estar en desacuerdo si después ocurriera que algo en su cuerpo les molesta o desagrada. Pues no todos los hombres son tan sabios que tengan consideración para las cualidades morales del cónyuge. Y las prendas corporales hacen que las virtudes espirituales sean más estimadas y consideradas y eso incluso en los matrimonios de los hombres sabios. Verdaderamente puede esconderse tan repugnante deformidad bajo estos ropajes que puede alejar y apartar por completo de su esposa la mente del marido cuando no será legal que sus cuerpos se separen otra vez. Si tal deformidad se da por algún azar después que el matrimonio se haya consumado y llevado a cabo, bueno, no hay más remedio que la paciencia. Cada hombre ha de cargar con su suerte tal como viene. Pero estaría bien que se hiciera una ley por la cual todas estas decepciones pudieran ser esquivadas y evitadas de antemano.

Y se vieron obligados más seriamente a preocuparse de esto por cuanto únicamente ellos entre las naciones de aquella parte del mundo se contentan cada hombre con una mujer y el matrimonio no es allí nunca disuelto sino por la muerte salvo que el adulterio o bien las intolerables costumbres degeneradas de una u otra parte disuelvan el vínculo. Pues si uno de los dos se encuentra ofendido por cualquiera de estos motivos puede, con licencia del Consejo, cambiar y tomar a otro. Pero la otra parte vive para siempre en la infamia y fuera del matrimonio. Sin embargo que el marido despida a la mujer por ninguna otra falta que el haber sobrevenido alguna desgracia a su cuerpo, esto no lo permiten de ningún modo. Pues consideran una gran muestra de crueldad que cualquiera en extrema necesidad de ayuda y consuelo tenga que verse repudiado y expulsado, y que la vejez que nos trae la enfermedad y es una enfermedad en sí misma tenga que tratarse además de forma desaprensiva y desleal. Pero de vez en cuando ocurre que, puesto que el hombre y la mujer no pueden entenderse bien entre ellos, al encontrar ambos a otro con quien esperan vivir más pacífica y alegremente, se divorcian con el pleno consentimiento de ambos y se vuelven a casar con otro. Pero esto no sin el consentimiento del Consejo el cual no concede ningún divorcio antes de juzgar y examinar atentamente el asunto ellos y sus esposas. Sí, y aun entonces son reacios a consentirlo porque saben que este es el camino más corto para romper el amor entre marido y mujer: tener fácil esperanza de un nuevo matrimonio. Los que rompen el vínculo matrimonial son castigados con la más penosa esclavitud. Y si ambos culpables están casados entonces las partes que por este concepto han sufrido la injuria, tras divorciarse de los adúlteros, pueden casarse entre sí si quieren o con quien deseen. Pero si alguno de los dos sigue todavía enamorado de tan indigno compañero de tálamo, no se le prohíbe el uso del matrimonio si la parte inocente está dispuesta a compartir el esfuerzo y la servidumbre con la persona que por aquel delito es condenada a la esclavitud. Y muy a menudo ocurre que el arrepentimiento de uno y la solícita diligencia del otro mueven al príncipe a tanta piedad y compasión que hace pasar de nuevo a la persona esclavizada de la servidumbre a la libertad y redención. Pero si la misma parte es sorprendida por segunda vez en aquella falta no queda otro camino que la muerte. Para otras transgresiones ninguna ley establece ningún castigo determinado sino que de acuerdo con lo odioso o no del delito, se regula el castigo a discreción del

Consejo. Los maridos castigan a sus esposas y los padres a sus hijos a menos que hayan cometido un delito tan terrible que el castigo público del mismo haga mucho por el progreso de las costumbres honestas. Pero por lo más común las faltas más odiosas se castigan con la pena de la esclavitud pues suponen que esta es para el culpable una molestia no menor y de más provecho para la república que si los ejecutaran precipitadamente poniéndolos así fuera de circulación. Pues se consigue más provecho con su trabajo que con su muerte y con el ejemplo, apartan tanto más por el temor a otros de delitos semejantes. Pero si ellos al ser tratados así se rebelan y reinciden, entonces efectivamente se les mata como a animales salvajes y desesperados a quienes ni la prisión ni las cadenas han podido refrenar ni someter. Pero los que toman su esclavitud con paciencia no son abandonados sin remedio. Pues después de haber sido domados y amansados con largos padecimientos, si entonces muestran arrepentimiento de modo que a través de él pueda percibirse que están más tristes por sus faltas que por su castigo, a veces por la prerrogativa del príncipe y a veces por el voto y consentimiento del pueblo, o bien su esclavitud es mitigada o bien plenamente absuelta y perdonada. El que incita al adulterio no está en menor peligro y riesgo que si hubiera cometido adulterio de hecho. Pues en todas las ofensas tienen en cuenta la intención y propósito que se pretende, tan malo como la misma acción o hecho, pensando que ningún obstáculo debe excusar al que hizo todo lo posible para no encontrar obstáculo. Tienen singular afición y gusto por los bufones y es muy censurable herir u ofender a alguno de ellos por cuanto no prohíben complacerse en la locura, pues esta, piensan, beneficia a los bufones. Y si algún hombre es tan grave o serio que no se ríe ni de sus palabras ni de sus hechos, no se encomienda ninguno de ellos a su cargo por temor a que no les traten con suficiente amabilidad y benevolencia: a él no le divertirían (pues no hay otra cualidad en ellos) ni mucho menos podrían proporcionarle ningún provecho. Burlarse de un hombre a causa de su deformidad o porque carezca de alguna parte o miembro de su cuerpo es considerado como gran bajeza y vergüenza no para el que es burlado sino para el que se burla el cual reprende a un hombre por un defecto que no estuvo en su poder evitar. También piensan y consideran que tiene muy poco sentido común aquel que no cuida la belleza y apostura natural, y ayudarla con afeites es considerado orgullo vano y caprichoso, no sin gran deshonra pues saben por larga experiencia que ninguna perfección de la belleza recomienda y coloca tan alto a las esposas en el concepto de sus maridos como las cualidades honestas y la humildad. Pues así como el amor es a menudo conseguido con la belleza, no se conserva, preserva y continúa sino por medio de la virtud y la obediencia. No sólo apartan por el miedo a su pueblo de hacer el mal mediante castigos sino que los atraen a la virtud con recompensas honoríficas.[75] Por esto colocan en la plaza

75 Erasmo (*Intr. Prin. Chris.*) coincide con la idea de las recompensas legales para estimular la buena conducta.

del mercado las imágenes de los hombres famosos y de los que han sido grandes y generosos benefactores de la república, para perpetua memoria de sus buenas acciones y también para que la gloria y renombre de los antepasados promueva y provoque a su descendencia a la virtud. El que procura ascensos desordenada y ambiciosamente queda para siempre completamente incapacitado para obtener ninguna promoción mientras viva. Conviven amistosamente pues ningún magistrado es altivo ni inspira miedo. Se les llama padres y como padres se comportan. Los ciudadanos (como es su deber) les manifiestan el debido honor de buen grado y sin ninguna imposición. El príncipe ni siquiera se distingue de los demás por un atuendo principesco o traje de ceremonia ni por una corona o diadema real ni gorro de autoridad sino por un pequeño haz de trigo conducido ante él. E igualmente llevan un cirio de cera delante del obispo, única cosa por la que se le reconoce.

Tienen pocas leyes pues para un pueblo instruido y organizado así muy pocas bastan. Sí, esta es la cosa que principalmente censuran en otras naciones: que no basten los innumerables libros de leyes y consideraciones sobre los mismos. En cambio ellos creen que va contra todo derecho y justicia el que los hombres tengan que estar sujetos a estas leyes, que son en número excesivo para poder ser leídas o ciegas y oscuras en demasía para que cualquier hombre sea capaz de entenderlas bien. Además excluyen y prohíben completamente a abogados, procuradores y gestores, los cuales llevan las materias hábilmente y disputan de leyes sutilmente. Pues creen que es más adecuado que cada hombre defienda su propio asunto y cuente al juez la misma historia que contaría a su abogado. Así habrá menos divagaciones en las palabras y la verdad aparecerá más pronto a la luz mientras el juez con un discreto juicio considera las palabras de aquel a quien ningún juez ha instruido con falsedades y mientras ayuda y apoya al espíritu sencillo contra los falsos y maliciosos rodeos de los astutos. Esto es difícil de ser observado en otros países con tan infinito número de ciegas e intrincadas leyes. Pero en Utopía todo hombre es un hábil abogado pues, como dije, tienen muy pocas leyes y cuanto más clara y general es una interpretación, la aceptan como más justa. Pues todas las leyes, dicen, se hacen y publican con el único propósito de que a través de ellas se recuerden a cada hombre sus deberes. Pero la artera y sutil interpretación de las mismas (en la medida que pocos pueden alcanzarlo) puede hacérselo recordar a muy pocos mientras que el sentido general, claro y sencillo de las leyes está abierto a todo el mundo. Por otra parte, en lo tocante a la clase vulgar del pueblo que son más en número y tienen mayor necesidad de conocer sus deberes, ¿no estaría igualmente bien para ellos que no se hiciera ninguna ley en absoluto como, al hacerla, llegar a una interpretación tan ciega sobre ella que sin gran ingenio y larga argumentación ningún hombre puede discutirla? Para el esclarecimiento de la misma ni el tosco juicio del pueblo lo puede alcanzar ni toda la vida de los que se dedican a trabajar para su sustento puede bastar para ello. Estas cualidades de los utopienses han hecho que sus próximos vecinos y pueblos fronterizos que viven libres y bajo ninguna sujeción (pues hace mucho tiempo que los utopienses han liberado a muchos de ellos de la tiranía) utilicen magistrados de los suyos, a algunos por un año y a otros por el espacio de cinco años. Cuando ha expirado el plazo de su ministerio les envían de nuevo a casa con honores y elogios y de nuevo se llevan consigo a otros a su país. Estas naciones sin duda han procurado muy bien y acertadamente para sus repúblicas, pues viendo que tanto la construcción como la ruina de una república depende y se apoya en las costumbres de los gobernantes y magistrados, ¿qué funcionarios hubieran podido elegir más sabiamente que los que no pueden ser desviados de la honradez con sobornos (pues para los que poco después partirán de allí a su propio país el dinero no les serviría de nada) ni pueden ser inclinados por simpatía ni por malicia hacia ningún hombre por ser extranjeros y no relacionados con el pueblo? Estos dos defectos de la parcialidad y la avaricia, donde tienen lugar en los juicios, inmediatamente lesionan la justicia, el lazo más fuerte y seguro de una república. Los utopienses llaman sus aliados a estos pueblos que van a buscar a sus funcionarios y gobernantes entre ellos. Y llaman sus amigos a otros para quienes han sido benéficos. En lo tocante a los tratados que en otros lugares tan a menudo se conciertan, rompen y renuevan entre país y país, ellos no hacen ninguno con ninguna nación. Pues ¿para qué sirven los tratados? (dicen). ¡Como si la naturaleza no hubiera establecido suficiente amor entre hombre y hombre! Y quien no tiene consideración por la naturaleza ¿pensáis que se preocupará por las palabras? Ellos han llegado a esta opinión principalmente porque en aquellas partes del mundo los tratados entre príncipes acostumbran a ser mantenidos y observados muy a la ligera. En cambio aquí en Europa y especialmente en las partes donde reina la fe y religión de Cristo, la dignidad de los tratados es en todas partes considerada sagrada e inviolable, parte por la justicia y bondad de los príncipes y parte en consideración al respeto e influencia de los sumos pontífices[76] que así como no hacen ninguna promesa que no cumplan muy religiosamente, así también exhortan a todos los príncipes a que se atengan a sus promesas y a los que rehúsan o se niegan a hacerlo les obligan a ello por su poder y autoridad pontificia. Y seguramente piensan bien que parecería una cosa muy digna de reproche si en los tratados de aquellos que con un nombre característico son llamados fieles la fe no tuviera lugar. Pero en aquella parte del mundo recientemente descubierta que apenas está tan lejos de nosotros más allá de la línea equinoccial como nuestra vida y costumbres disienten de las suyas, ni la lealtad ni la confianza reside en los pactos sino que cuanto con más y más sagradas ceremonias se establecen los tratados, más pronto se rompen a causa de algunas interpretaciones encontradas en las palabras, que muchas veces se ponen y colocan a

76 Evidente ironía de Moro, que no ignoraba las artimañas legales de Alejandro VI y Julio II. Cfr.: MAQUIAVELO, *Príncipe*, 18.

propósito tan astutamente que nunca puede haber vínculos tan seguros ni fuertes que no encuentren algún agujero abierto por donde escabullirse y rompan el pacto y la fidelidad. Si supieran que este proceder taimado, este fraude y engaño en verdad se practica entre particulares en sus negocios y contratos, inmediatamente clamarían contra ello con la boca abierta y grave continente como ante una ofensa de lo más detestable y merecedora de ser castigada con una muerte vergonzosa: sí, incluso los mismos que se declaran autores de consejos parecidos dados a los príncipes. Por eso se puede pensar perfectamente que la justicia es una virtud baja y vulgar y que tiene un valor muy por debajo de la alta dignidad de los reyes o al menos que hay dos justicias, una adecuada para la clase inferior del pueblo, que va a pie y se arrastra por los suelos y atada por todos lados con muchas ligaduras para que no discurra libremente, la otra una virtud principesca que de la misma manera que es de muy superior majestad que la otra pobre justicia, también permite mucha más libertad, como si nada de lo que desea fuera ilegal. Supongo que estas costumbres de los príncipes (como dije), quienes son allí tan mal cumplidores de los tratados, que hacen que los utopienses, que tal vez cambiarían de opinión si estuvieran aquí, no hagan tratados en absoluto. Sin embargo piensan que aunque los tratados fueran fielmente observados y mantenidos como nunca, la costumbre de hacer tratados se inició en mala hora, pues esto hizo que los hombres (como si las naciones que están separadas por el espacio de una pequeña colina o un río no estuvieran unidas por ninguna sociedad ni lazo de la naturaleza) se creyeran adversarios y enemigos natos unos de otros y que fuera legal que uno buscara la muerte y destrucción de otro si no hubieran tratados, y ciertamente que después de los tratados se han acordado, la amistad no crece ni se incrementa sino que la autorización para asaltar y robar todavía persiste en la medida que por falta de previsión y advertencia al redactar las palabras del tratado cualquier sentencia o cláusula en contra no esté allí suficientemente incluida. Pero ellos son de contraria opinión. Es decir, que ningún hombre que no haya hecho daño alguno debería ser considerado enemigo y que la solidaridad natural es un tratado más fuerte y que los hombres están mejor, y más firmemente ligados por el amor y la benevolencia que por los contratos de los tratados, por una cordial simpatía que por las palabras.

VIII. *Del arte militar*

Detestan y aborrecen la guerra o batalla como cosa muy bestial y sin embargo en ninguna clase de bestias de tanto uso como en el hombre y, al revés de la costumbre de casi todas las demás naciones, no hay nada que consideren tanto contra la gloria como la gloria obtenida en las guerras. Y por eso aunque se ejercitan y practican diariamente en la disciplina bélica y no sólo los hombres sino, en ciertos días determinados, también las mujeres, para no encontrarse demasiado débiles en los hechos de armas si la necesidad lo requiriera, sin embargo, nunca entablan batalla más que en defensa de su propio país o para expulsar de las tierras de sus aliados a los enemigos que las han invadido o para, con su poder, librar del yugo y esclavitud de la tiranía a algunos pueblos que estén oprimidos por ella, lo cual hacen por mera piedad o compasión. Sin embargo, no siempre envían auxilios a sus amigos para su defensa sino a veces también para desquitar y vengar injurias hechas antes a ellos. Pero esto no lo hacen a menos que se pida su consejo y advertencia en la materia mientras es todavía nueva y reciente pues si encuentran demostrable el motivo y si la parte contraria no restituye las cosas que son justamente reclamadas por aquéllos, entonces son ellos los autores y artífices principales de la guerra que hacen no sólo siempre que se consiguen presas y botín por medio de incursiones e invasiones de los soldados sino mucho más encarnizadamente cuando sus amigos negociantes de cualquier país sufren una acusación injusta so color de justicia o con el pretexto de leyes injustas o por la distorsión y errónea interpretación de las leyes buenas. La batalla que los utopienses sostuvieron a favor de los nefelogetas[77] contra los alaopolitanos un poco antes de nuestra época tampoco se llevó a cabo por ningu-

77 Nefelogetas, de νεφέλη, «nube», y γενέτης «nacido», o sea nacidos en las nubes. Alaopolitanos, de ἀ- λαός «ciego» o bien ἀλαός «sin pueblo» y πολίτης «ciudadano». Simmons interpreta estos nombres como «nacidos bajo la nube de la opresión» y «ciegos ante la justicia» respectivamente.

na otra causa que porque los mercaderes nefelogetas, según opinaron los utopienses, sufrieron injusticia por parte de los alaopolitanos con un pretexto legal. Pero tanto si era verdad como mentira se desquitaron con una guerra tan cruel y mortal, con los países vecinos contribuyendo con su ayuda y poder al predominio y malicia de ambas partes que, después de ser seriamente quebrantados unos y totalmente vencidos otros de los países más ricos y florecientes, los males no terminaron ni se extinguieron hasta que los alaopolitanos al final fueron sometidos como esclavos bajo la jurisdicción de los nefelogetas pues los utopienses no hicieron esta guerra en beneficio propio. Y sin embargo los nefelogetas antes de la guerra, cuando los alaopolitanos florecían en riqueza, no eran nada comparados con ellos. Tan celosamente los utopienses vengan las injurias hechas a sus amigos aun en cuestión de dinero y no las suyas propias en la misma medida, pues si ellos son desposeídos de sus bienes por fraude y engaños, mientras no se haga ninguna violencia a sus personas, manifiestan su enfado absteniéndose de tener tratos con aquella nación hasta que han dado satisfacciones. No porque ellos se interesen menos por sus propios ciudadanos que por sus aliados sino porque toman más a mal la pérdida del dinero de sus amigos que la pérdida del suyo propio porque, puesto que lo que pierden sus amigos mercaderes son sus bienes privados, sufren gran daño con la pérdida. En cambio sus propios ciudadanos no pierden nada más que los bienes comunes y aquello que era abundante y casi superfluo en su país, si no, no se habría exportado. Por eso nadie siente la pérdida y por este motivo consideran un acto tan cruel vengar esta pérdida con la muerte de muchos, incomodidad de un perjuicio que ningún hombre siente en su vida ni en su forma de vivir. Pero si ocurre que cualquiera de sus hombres en cualquier otro país es mutilado o muerto, tanto si se ha hecho por decisión pública como privada, una vez sabida y averiguada la verdad del caso por sus embajadores, a menos que se les entreguen los culpables como reparación de la injuria, no se calman sino que inmediatamente les declaran la guerra. Entregados los culpables, los castigan con la muerte o la esclavitud. No sólo lamentan sino que se avergüenzan de alcanzar la victoria con derramamiento de sangre considerando gran locura obtener preciosas ventajas demasiado caras. Se alegran y enorgullecen si vencen y someten a sus enemigos por artes y mañas y por este hecho celebran un triunfo general y, como si el asunto se hubiera resuelto bravamente, erigen pilares de piedra en señal de victoria en el lugar donde ellos vencieron así a sus enemigos. Pues entonces se alaban, entonces se jactan y presumen de haberse comportado como hombres de verdad cuando han vencido como ninguna otra criatura viviente más que el hombre hubiera podido hacer, es decir por la fuerza y poder de la inteligencia. Pues por la fuerza corporal, dicen, luchan los osos, leones, jabalíes, lobos, perros y otros animales salvajes. Y así como la mayor parte de ellos nos superan en fuerza e indómita ferocidad, en ingenio e inteligencia somos más fuertes que todos ellos. Su primer y principal propósito en la guerra es conseguir aquello que si hubieran conseguido antes no hubieran iniciado la batalla. Pero si esto no es posible toman tan cruel venganza de los que tienen la culpa que a partir de entonces estos tienen miedo de hacer algo parecido. Este es el primer y principal propósito que de inmediato y antes que nada persiguen y se proponen. Pero además se preocupan más de evitar y esquivar riesgos que desean alcanzar fama y renombre. Por eso inmediatamente después que la guerra es solemnemente declarada, se procuran muchos bandos firmados con su sello oficial para que sean colocados al mismo tiempo y en secreto en los lugares más frecuentados del país de sus enemigos. En estos bandos prometen grandes recompensas al que mate al príncipe de sus enemigos y algunos regalos algo menores pero también muy importantes por cada cabeza de aquellos cuyos nombres están contenidos en el bando. Son los que consideran sus principales adversarios después del príncipe. Se dobla todo lo que se concede al que mate a cualquiera de las personas descritas, para el que les traiga a alguna de ellas viva e incluso conceden las mismas grandes recompensas, con el perdón y la seguridad para sus vidas a las mismas personas de la lista si cambian de idea y acuden a ellos pasándose a su lado. Por eso rápidamente ocurre que sus enemigos sospechan de todos los demás hombres y son desleales y desconfiados entre ellos, viviendo con gran temor y en no menos riesgo. Pues es bien conocido que en diversas ocasiones la mayoría de ellos (y especialmente el mismo príncipe) han sido traicionados por aquellos en quienes depositaban la máxima esperanza y confianza. De modo que no hay tipo de acción ni cosa a la que los dones y recompensas no obliguen a los hombres. Y en las recompensas no tienen límites, sino que meditando el gran peligro y riesgo en que les ponen, se esfuerzan en recompensar la magnitud del peligro con beneficios igualmente grandes. Y por eso prometen no sólo una cantidad extraordinariamente grande de oro sino tierras de grandes rentas ubicadas entre sus aliados en los lugares más seguros. Y cumplen sus promesas fielmente sin fraude ni engaño. En otros pueblos esta costumbre de comprar y vender a los adversarios es desaprobada como un acto cruel propio de una mente baja y cobarde, pero a ese respecto ellos se consideran muy dignos de alabanza porque como hombres prudentes resuelven por esos medios grandes guerras sin una batalla ni escaramuza e incluso lo consideran un acto de piedad y misericordia porque con la muerte de unos pocos culpables se ahorran y salvan las vidas de gran número de inocentes, tanto de sus propios hombres como de sus enemigos, que luchando habrían sido sacrificados. Pues no se compadecen menos de la clase baja y común de sus enemigos que de los suyos, pues saben que son obligados y arrastrados a la guerra contra su voluntad por la furiosa locura de sus príncipes y jefes. Si el asunto no progresa por ninguno de estos medios como ellos querrían, entonces procuran que las ocasiones de debate y disensión se propaguen entre sus enemigos, por ejemplo alimentando la esperanza de obtener el reino en el hermano del príncipe o en alguno de los nobles. Si este método no tiene éxito, entonces sublevan al pueblo vecino de al lado y fronterizo con el de sus enemigos y lo lanzan contra ellos con el pretexto de algún viejo título o derecho del que los reyes nunca carecen. Les prometen su ayuda y auxilio en la guerra. En cuanto al dinero se lo dan en abundancia, pero les envían pocos o ninguno de sus propios ciudadanos a quienes tienen en tanta estima y aman tan plenamente que no querrían cambiar a ninguno de ellos por el príncipe de sus enemigos. Pero reparten franca y libremente su oro y plata puesto que lo conservan únicamente para este propósito porque vivirían en la misma abundancia aunque lo gastaran hasta el último penique. Cierto, y además de las riquezas que guardan en su país, tienen también una infinidad de tesoros en el extranjero por el hecho de que (como he dicho antes) muchas naciones están en deuda con ellos. Por eso alquilan soldados de todos los países y los mandan a luchar, pero principalmente zapoletas.[78] Este pueblo está a quinientas millas de Utopía hacia el este. Son repulsivos, salvajes y fieros y viven en bosques agrestes y altas montañas donde nacieron y se criaron. Son de fuerte constitución, capaces de aguantar y resistir calor, frío y trabajo y desprecian todas las finuras delicadas y no se ocupan del trabajo y cultivo de la tierra, toscos y rudos tanto en la construcción de sus casas como en sus atavíos, no se dedican a nada bueno excepto únicamente a la cría y cuidado del ganado. La mayor parte de su vida consiste en

78 De ζα, intensivo eólico y πωλητής, «vendedor», «comprador», o sea «que se venden y compran fácilmente».

cazar y robar. Han nacido solamente para la guerra que buscan con interés y asiduidad y cuando la consiguen se alegran extraordinariamente. Salen de su tierra reunidos en grandes bandadas y ofrecen sus servicios por poco dinero a cualquiera que carece de soldados. Este es el único oficio con el que se ganan la vida. Se ganan la vida buscando la muerte. Luchan esforzada, fiera y fielmente por aquellos a cuyo servicio están, pero no se comprometen para un tiempo determinado sino que se alistan con la condición de que al día siguiente se unirán al bando contrario por unas pagas más elevadas y al próximo día después de esto estarán dispuestos a volver de nuevo por un poco más de dinero. Pocas guerras hay por allí en las que no haya un gran número de ellos en ambos bandos. Por esto ocurre diariamente que parientes próximos que fueron alquilados juntos en un bando y allí se trataban muy amistosa y familiarmente el uno con el otro, poco tiempo después, al hallarse separados en bandos contrarios, se lanzan unos contra otros encarnizada y fieramente y olvidando el parentesco y la amistad se atraviesan con sus espadas. Y esto sin más motivo que estar alquilados por príncipes enemigos por un poco de dinero que aprecian y estiman hasta tal punto que fácilmente se les inducirá a cambiar de bando por medio penique más de soldada al día. Tan rápidamente se han aficionado a la avaricia que por otra parte no les sirve de ningún provecho pues lo que ganan luchando lo gastan en seguida desenfrenada y miserablemente en juergas. Este pueblo lucha a favor de los utopienses contra todas las naciones porque ellos les dan mayores salarios que cualquier otra nación. Pues los utopienses, de la misma manera que procuran utilizar bien a los hombres buenos, procuran aprovecharse de estos hombres malos y viciosos a quienes, cuando la necesidad lo requiere, con promesas de grandes recompensas exponen a grandes riesgos de donde la mayor parte de ellos nunca regresa para pedir su premio. Pero pagan lealmente a los que quedan vivos lo que les prometieron para que estén más bien dispuestos a afrontar un peligro semejante otra vez. Los utopienses ni se preocupan de a cuántos de ellos llevan a la destrucción pues creen que harían una acción muy buena a toda la humanidad si pudieran librar al mundo de aquel sucio y apestoso cubil de la gente más malvada y odiosa. Además de esto utilizan a los soldados de aquellos para quienes luchan y después la ayuda de sus restantes aliados y en último término reclutan a sus propios súbditos, a uno de los cuales, de probado valor y destreza, dan el mando y dirección de todo el ejército. A sus órdenes designan a dos más que mientras aquel está a salvo, están en reserva y fuera del cargo. Pero si es capturado o muerto, uno de los dos le sucede como si fuera por herencia, y si el segundo se malogra entonces el tercero ocupa su puesto para que al ser dudosa e incierta la suerte de la batalla la posibilidad de la muerte del capitán no ponga en peligro a todo el ejército. Eligen en cada ciudad como soldados a los que se ofrecen voluntarios pues no obligan a ningún hombre a la guerra contra su voluntad porque creen que si algún hombre es miedoso y de corazón débil por naturaleza, no sólo no realizará ninguna acción valerosa y audaz él mismo sino que será ocasión de cobardía para sus compañeros. Pero si se hace alguna guerra contra el propio país, entonces ponen a estos cobardes (mientras sean robustos) en los barcos entre otros hombres valerosos o los ponen en las murallas de donde no puedan huir. Así, en parte por vergüenza al estar tan cerca sus enemigos y en parte porque no les queda esperanza de huir, olvidan todo el miedo. Y muchas veces la extrema necesidad convierte la cobardía en valentía y bravura. Pero como ninguno es llevado a la guerra fuera de sus fronteras contra su voluntad, no se prohíbe ni ponen dificultades a las mujeres que quieren acompañar a sus maridos en tiempo de guerra. Más bien las incitan y exhortan a ello con alabanzas. Y en el campo de batalla las esposas están todas al lado de sus maridos. Además cada hombre va rodeado por sus propios hijos, parientes y amigos para que aquellos a quienes la naturaleza inclina más al auxilio mutuo, estando juntos puedan ayudarse los unos a los otros. Es un gran motivo de censura y deshonra para el marido volver a casa sin su esposa, o la esposa sin el marido, o el hijo sin su padre. Y por esto, si el otro bando resiste tan duramente que la batalla se realiza cuerpo a cuerpo, se lucha con una gran carnicería y matanza hasta la plena destrucción de ambas partes. Pues así como ponen todos los medios y argucias que pueda haber para evitar la necesidad de luchar o para resolver la batalla por medio de sus mercenarios, de la misma manera cuando no hay más remedio que luchar necesariamente ellos, entonces se lanzan con tanta valentía como prudencia pusieron antes, mientras podían, en evitarla y rechazarla. Tampoco son más valerosos a la primera acometida sino que progresivamente y poco a poco su fiero valor se incrementa con ánimos tan decididos y obstinados que antes morirían que retroceder una pulgada. Pues la seguridad en el nivel de vida que todo hombre tiene en casa al no ir acompañada de ninguna inquietud o recuerdo preocupado acerca de cómo vivirá su descendencia después de ellos (pues estos pensamientos muy a menudo descomponen y desmoralizan los ánimos más valerosos) les hace fuertes y decididos y despectivos ante la posibilidad de ser vencidos. Además su conocimiento de la caballería y hechos de armas les da confianza. Finalmente las sanas y virtuosas doctrinas en que fueron educados desde su infancia en parte por las enseñanzas y en parte por medio de las buenas disposiciones y leyes de su república aumentan y acrecientan su ánimo esforzado. Por esta razón nunca estiman en tan poco sus vidas que las entreguen temeraria e inadvertidamente, ni tienen un amor tan desordenado y excesivo a ellas que ambicionen conservarlas vergonzosamente cuando el honor les exige abandonarlas. Cuando la batalla es más violenta y más fiera y ardiente en todas partes, un grupo de jóvenes escogidos y selectos a quienes se toma juramento de vivir y morir juntos toma la responsabilidad de acabar con el capitán de sus enemigos al cual asaltan por medio de emboscadas o al descubierto. Le acometen de cerca y de lejos. Es hostigado con un ataque largo y continuo, ocupando las tropas de refresco el lugar de los hombres fatigados. Y raramente ocurre (a menos que se ponga a salvo mediante la huida) que no resulte muerto o hecho prisionero y entregado a sus enemigos vivo. Si consiguen la victoria no persiguen a sus enemigos con la furia violenta de la matanza[79] pues prefieren cogerlos vivos que matarlos. Tampoco emprenden la caza y persecución de sus enemigos sin dejar a su retaguardia una parte de sus huestes en orden de batalla bajo sus estandartes de modo que si todo su ejército es dispersado y vencido salvo la retaguardia y con esta alcanzan la victoria, prefieren dejar escapar a todos sus enemigos que seguirlos fuera de formación. Pues recuerdan que les ha ocurrido más de una vez que habiendo sido dominado y puesto en fuga todo el poder y empuje de sus huestes, mientras sus enemigos animados por la victoria han perseguido a los que huían, unos por un sitio y otros por otro, una pequeña tropa de sus hombres apostados en una emboscada, dispuestos a todo se han lanzado de repente contra los así dispersos y salidos de la formación y que proseguían la persecución descuidadamente, confiados en su seguridad, y han cambiado inmediatamente la suerte de la batalla entera y a pesar de sus pérdidas, arrebatándoles de las manos la segura e indudable victoria, han vencido por su parte a los vencedores. Es difícil decir si son más hábiles tendiendo una emboscada o más sabios en evitarla. Diríais que intentan

79 Plutarco (*Lycur.*, 22,5) dice que los espartanos consideraban innoble ensañarse con los enemigos fugitivos. Francisco de Vitoria permite matarlos para evitar nuevas batallas tras su reagrupamiento (*De Bello*. Cfr.: J. B. Scott, *The Spanish Origin of International Law*. 1934, págs. cxx y ss.).

huir cuando no hay nada que menos se propongan. Y al contrario, cuando persiguen esta finalidad, creeríais que nada está más lejos de su pensamiento. Pues si se ven superados en número o encerrados en un lugar demasiado estrecho, trasladan su campamento o bien de noche en silencio o engañan a sus enemigos con alguna táctica o se repliegan de día tan ordenadamente que no hay menos riesgo metiéndose con ellos cuando se retiran que cuando avanzan. Vallan y fortifican su campamento sólidamente con una trinchera profunda y ancha cuya tierra es echada al interior. Y no colocan peones ni esclavos a trabajar en ello. Se hace por mano de los mismos soldados. El ejército entero trabaja en esto salvo los que están de guardia y vigilancia, equipados ante la trinchera para sucesos inesperados. Por eso, con el esfuerzo de tantos se hace una espaciosa trinchera rodeando un gran espacio de tierra en menos tiempo de lo que nadie creería. La armadura o equipo que usan es seguro y resistente para recibir golpes y adecuado para todos los movimientos y gestos del cuerpo hasta tal punto que no resulta incómodo nadar con él. Pues en su preparación militar, entre otras prácticas, aprenden a nadar armados. Desde lejos, sus armas son las flechas, que disparan con fuerza y puntería no sólo los infantes sino los de caballería. En los combates cuerpo a cuerpo no usan espadas sino hachas, que son mortales tanto por el filo como por el peso, tanto para los cortes como para los golpes. Diseñan e inventan máquinas de guerra con maravilloso ingenio las cuales, cuando están construidas, guardan con gran secreto porque si se conocieran antes de haber necesidad, sólo se reirían de ellas y no servirían para nada. Pero al fabricarlas ponen especial atención a que sean fácilmente transportadas y cómodas de trasladar y manejar. Observan tan firme y fielmente las treguas pactadas por poco tiempo con sus enemigos que nunca las rompen ni aunque se les provoque. No asolan ni destruyen las tierras de sus enemigos con correrías ni queman sus sembrados, sino que evitan, tanto como pueden, invadirlos y pisotearlos tanto con hombres como con caballos, pensando que crecen para su propio uso y provecho. No hieren a ningún hombre que vaya desarmado a menos que sea un espía. Protegen todas las ciudades que se les rinden y nunca expolian ni saquean a las que vencen a fuerza de atacarlas, pero condenan a muerte a los que resisten y desaconsejan la rendición de las mismas y castigan a la esclavitud a los soldados restantes. Dejan intacta a toda la multitud inofensiva. Si saben que algunos ciudadanos aconsejaron entregar y rendir la ciudad, les dan parte de los bienes de los condenados. El resto lo distribuyen y entregan libremente entre aquellos cuya ayuda han recibido en esta guerra, pues ninguno de ellos recoge ninguna parte del botín. Pero cuando la batalla está resuelta y acabada, ellos nunca hacen pagar a sus aliados ni un penique del valor de todos los gastos que tuvieron sino que los echan sobre las espaldas de los vencidos. Cargan a estos con todo el importe de sus gastos, que les exigen, parte en moneda que se reserva para un uso parecido en batalla y parte en tierras de grandes rentas que se les han de pagar anualmente para siempre. Ahora tienen en muchos países rentas así que aumentando poco a poco por diversos y varios motivos ascienden a más de setecientos mil ducados[80] por año. Hacia allá envían a algunos de sus ciudadanos como gobernadores, que viven allí suntuosamente como hombres de categoría y renombre. Y a pesar de esto se ahorra mucho dinero que va a parar al tesoro público a menos que ocurra que prefieran prestarlo al país, lo cual hacen muchas veces hasta que tienen necesidad de emplearlo. Y raramente ocurre que lo pidan todo. Asignan una parte de estas tierras a aquellos que siguiendo su petición y consejo se expusieron a los peligros de que hablé antes. Si algún príncipe provoca la guerra contra ellos intentando invadir su territorio, inmediatamente van a su encuentro fuera de sus propias fronteras con una gran fuerza y poderío, pues ellos nunca hacen la guerra inconscientemente en su propio país ni nunca llegan a tan extrema necesidad como para recibir ayuda del extranjero en su propia isla.

IX. *De las religiones en Utopía*

Hay diversas clases de religiones en Utopía, no sólo en las distintas partes de la isla sino también en los diversos lugares de cada ciudad. Algunos adoran como dios al sol,

80 Unas 327 000 libras, con un valor muy superior al de hoy.

algunos a la luna, otros a algunos otros planetas. Los hay que adoran a un hombre que en el pasado fue de excelente virtud o de fama gloriosa no simplemente como dios sino como al Dios supremo y principal. Pero la mayor parte y los más juiciosos rechazando a todos estos creen que hay un cierto poder divino desconocido, eterno, incomprensible, inexplicable, muy por encima de la capacidad y alcance de la inteligencia humana, extendido por todo el mundo no en tamaño sino en virtud y poder. Le llaman el padre de todos. A él solo atribuyen los principios, desarrollo, progresos, cambios y fines de todas las cosas y no ofrecen honores divinos a nadie más que a él. En verdad, aunque todos los demás sean de diversas opiniones, en este punto también coinciden en conjunto con los más sabios en creer que hay un dios fundamental y principal, creador y soberano a todo el mundo a quien todos comúnmente llaman Mitra[81] en la lengua de su país; pero discrepan en que para algunos es considerado de una manera y para otros de otra. Pues cada uno de ellos sea lo que fuere lo que consideran el dios principal, piensa que es la misma naturaleza a cuyo único divino poder y majestad se atribuye y concede la suma y soberanía de todas las cosas por consentimiento de todo el pueblo. Sin embargo todos ellos empiezan poco a poco a abandonar y a apartarse de esta variedad de supersticiones y a coincidir en aquella religión que

81 Dios solar persa. Los utopienses, influidos por los persas, designan al Ser Supremo con esta palabra.

parece por la razón que sobrepasa y supera al resto. Y no hay duda de que todas las demás hubieran sido abolidas desde hace mucho tiempo si el temor del pueblo[82] no considerara cualquier cosa desagradable que ha ocurrido a alguno de ellos cuando pensaba cambiar de religión, no como una cosa que viene por casualidad, sino como enviada por Dios desde el cielo. Como si el dios cuya devoción abandonaba se vengara de él por este maligno propósito. Pero después de habernos oído hablar del nombre de Cristo, de su doctrina, leyes, milagros y de la no menos maravillosa constancia de tantos mártires cuya sangre voluntariamente derramada atrajo a gran número de naciones de todas partes del mundo a su doctrina, no podéis creer con qué entusiasmo la aceptaron fuera por la secreta inspiración de Dios o porque la creyeran más próxima a la opinión que es considerada más importante entre ellos. Sin embargo pienso que no fue pequeña ayuda y ventaja en el asunto que nos oyeran decir que Cristo instituyó entre los suyos que todas las cosas fueran comunes y que la misma comunidad persiste todavía entre los grupos cristianos más auténticos. Sea lo que sea, lo cierto es que muchos de ellos se convirtieron a nuestra religión y fueron lavados en las sagradas aguas del bautismo. Pero como entre nosotros cuatro (pues ningún otro quedó con vida al morir dos de nuestros compañeros) no había ningún sacerdote, cosa que

82 Única muestra de superstición en los utopienses, aunque podría estar relacionada con la idea expresada posteriormente de que Dios desea ser adorado bajo múltiples formas.

siento mucho, después de ser introducidos e instruidos en todos los restantes puntos de nuestra religión solamente carecen de los sacramentos que aquí no administra nadie más que los sacerdotes. Sin embargo los entienden y comprenden y están muy deseosos de los mismos, e incluso razonan y discuten el asunto seriamente entre ellos: si alguien elegido entre su propia gente puede recibir las sagradas órdenes sin el envío de un obispo cristiano.[83] Y verdaderamente estaban decididos a elegir uno, pero a mi partida todavía no habían elegido ninguno. Además los que no están de acuerdo con la religión cristiana no apartan a nadie de ella ni hablan contra nadie que la haya aceptado salvo uno de nuestro grupo que en mi presencia fue severamente castigado. Él, tan pronto como fue bautizado con más profundos sentimientos que prudencia, empezó contra nuestros deseos a discutir de la religión de Cristo y empezó a enfervorizarse tanto en esta materia que no sólo prefería nuestra religión a todas sino que las despreciaba y condenaba completamente llamándolas profanas y a sus seguidores malvados y diabólicos e hijos de la eterna condenación. Después de haber discutido el asunto mucho tiempo le detuvieron, le juzgaron y le enviaron al exilio no como menospreciador de la religión sino como a persona sediciosa y provocador de disensiones entre el pueblo. Pues esta es una de sus más antiguas leyes: que ningún hom-

83 El envío de un obispo cristiano, designado naturalmente por Roma, chocaría con la elección democrática de los utopienses (cfr.: abajo, págs. 115-116).

bre será censurado por defender el mantenimiento de su religión ya que el rey Utopo desde el mismo principio, al enterarse de que los habitantes del país antes de su llegada allí andaban en continuas disensiones y conflictos entre ellos a causa de sus religiones, dándose cuenta también de que estas disensiones públicas (pues cada secta tomaba distinto partido en la lucha por su país) le daban la única oportunidad de su conquista sobre todos ellos, tan pronto como obtuvo la victoria antes que nada decretó que sería legal que cada hombre siguiera y favoreciera la religión que le viniera en gana y que podía hacer todo lo posible para atraer a otro a su doctrina mientras lo hiciera pacífica, suave, calmada y sobriamente, sin censurar ni prorrumpir en precipitadas y ofensivas invectivas contra los demás. Si no podía convencerle a base de palabras nobles y consideradas debía evitar todo tipo de violencia y abstenerse de las palabras desagradables y sediciosas. Se decretaba el destierro o la esclavitud para el que se esforzara y luchara por este motivo con demasiada vehemencia y ardor. El rey Utopo hizo esta ley no sólo para el mantenimiento de la paz, que veía completamente eclipsada a causa de las continuas luchas y odio mortal, sino también porque pensó que este decreto favorecería el progreso de la religión sobre la cual no se atrevía a definir ni determinar nada a la ligera en la duda de si Dios, deseando muchas y distintas clases de acatamiento, no habría inspirado a los distintos hombres con diversos tipos de religión. Y seguramente pensó que era una cosa inadecuada y estúpida y una señal de arrogante presunción obligar a todos los demás con la violencia y las amenazas a estar de acuerdo con aquello que uno cree que es verdadero. Además, aunque sólo haya una religión verdadera y todas las demás sean vanas y supersticiosas, sin embargo previó con acierto (por cuanto el asunto fue abordado racionalmente y con meditada honestidad) que la verdad se impondría al final y saldría a la luz por sus propios medios. Pero si habían de producirse continuamente contiendas y disputas por tal motivo, como los hombres peores son los más obstinados y testarudos y más constantes en su perversa opinión, se dio cuenta de que entonces la religión mejor y más santa sería pisoteada y destruida por las más vanas supersticiones de la misma manera que el trigo bueno es sofocado y ahogado por los espinos y las malas hierbas. Por eso dejó pendiente todo este asunto y dio a cada hombre plena libertad y opción para creer lo que quisiera exceptuando que les recomendó severa y estrictamente que nadie concibiera una opinión tan vil y tan baja sobre la dignidad de la naturaleza humana como para pensar que las almas mueren y perecen con el cuerpo o que el mundo corre al azar sin estar regido por ninguna divina providencia. Y por esto creen que después de esta vida los vicios son severamente castigados y las virtudes abundantemente recompensadas. No cuentan entre el número de los hombres al que es de contraria opinión, como persona que ha rebajado la dignidad de su alma a la vileza de los cuerpos de los brutos, mucho menos en el número de sus ciudadanos cuyas leyes y ordenanzas no respetaría en absoluto si no fuera por miedo. Pues podéis estar seguro de que aquel en quien no queda más miedo que el de las leyes ni más esperanza que la del cuerpo personalmente procurará burlarse con astucia o infringir violentamente las leyes de su país. Por eso el que es de esta opinión es privado de todos los honores, excluido de todos los cargos y expulsado de la administración pública del Estado. Y así es despreciado en todos los aspectos por su naturaleza inútil, baja y vil. Sin embargo no le castigan, porque están convencidos de que no está en poder del hombre creer lo que quiere ni tampoco le obligan con amenazas a que disimule sus ideas y muestre una apariencia contraria a sus pensamientos puesto que detestan y aborrecen extraordinariamente el engaño y la falsedad y toda clase de mentiras como próximas al fraude. Pero no le permiten exponer su opinión, al menos entre el vulgo, pues en privado con los sacerdotes y hombres sensatos no solamente lo permiten sino que le recomiendan que lo exponga y lo discuta con la esperanza de que al final esta locura cederá ante la razón. También hay otros, y no en número reducido, a quienes no se prohíbe que expongan sus ideas puesto que basan su opinión en algún razonamiento y no son ni malos ni viciosos en su forma de vivir. Su herejía es muy opuesta a la otra pues creen que las almas de los animales son inmortales y eternas pero no pueden ser comparadas en nada con las nuestras en dignidad, ni ordenadas ni predestinadas a análoga felicidad. Pues todos ellos creen con seguridad y certeza que la recompensa del hombre será tan grande que se duelen y lamentan de la enfermedad de cada uno pero no de la muerte humana a menos que vean que se trata de uno que se va de esta vida con angustia y contra su voluntad. Pues esto lo consideran un indicio muy malo, como si el alma al estar desesperada y con la conciencia inquieta por algún privado y secreto presentimiento del castigo ahora próximo, tuviera miedo de partir. Y piensan que no será bien recibido por Dios el que cuando es llamado no corre a Él alegremente sino que es arrastrado a la fuerza y vivamente en contra de su voluntad. Por eso aquellos que ven tal clase de muerte la aborrecen y entierran a los que mueren así con dolor y silencio. Y cuando han rogado a Dios que sea misericordioso con su alma y misericordioso para perdonar sus flaquezas, cubren el cadáver con tierra. Por el contrario ningún hombre se lamenta por aquellos que parten alegremente y llenos de confianza, sino que van detrás del coche fúnebre con cantos alegres encomendando las almas a Dios con gran afecto. Y al final, no con el dolor del luto sino con gran respeto, incineran los cuerpos y en el mismo lugar levantan una columna de piedra con los títulos del muerto allí grabados. Cuando regresan a casa recuerdan sus virtuosas costumbres y sus buenas acciones, pero de ninguna parte de su vida hablan tanto ni tan alegremente como de su muerte. Piensan que este recuerdo de la virtud y bondad del muerto incita y ayuda a vivir apasionadamente para la virtud y que nada puede ser más agradable y aceptable para los difuntos, a los cuales suponen presentes entre ellos cuando de ellos hablan, aunque a la vista embotada y débil de los mortales permanezcan invisibles, pues sería impropio que los bienaventurados no tuvieran la libertad de ir a donde quisieran. Y sería una muestra de gran desapego por su parte haber renunciado completamente al deseo de visitar y ver a sus amigos a quienes estuvieron ligados durante su vida por el mutuo amor y la amistad que en los hombres buenos, después de la muerte, consideran que se ven más bien aumentados que disminuidos. Por eso creen que los muertos conviven realmente con los vivos como observadores y testigos de todas sus palabras y hechos. De ahí que emprendan más animosamente sus ocupaciones como quien tiene fe y confianza en tales observadores. Y esta misma creencia en la presencia real de sus antepasados y antecesores entre ellos, les hace temer toda secreta deshonestidad. Desprecian y se burlan completamente de las predicciones y prácticas adivinatorias sobre cosas futuras a base del vuelo o los gritos de las aves y de todos los restantes vaticinios de la vana superstición que en otros países están en gran observancia. Pero estiman y veneran en alto grado los milagros, que se producen sin intervención de la naturaleza, como obras y testimonios del manifiesto poder de Dios. Y dicen que estos se dan allí muy a menudo. Y a veces en asuntos importantes y dudosos por mediación y rogativas comunes los procuran y obtienen a base de esperanza y confianza seguras y creencia firme.

Creen que la contemplación de la naturaleza y la alabanza que se desprende de ella es para Dios un honor muy aceptable. Pero hay muchos tan seriamente inclinados a la religión que no se preocupan por aprender ni dedican sus mentes al conocimiento de las cosas. Pero aborrecen y evitan completamente la ociosidad pensando que se obtendrá y conseguirá la felicidad después de esta vida mediante trabajos esforzados y buenas acciones. Por eso algunos de ellos cuidan a los enfermos, otros arreglan carreteras, limpian zanjas, reparan puentes, quitan hierbas, grava y piedras, cortan y parten la madera, traen leña, trigo y otras cosas en carretas a las ciudades y no prestan servicios solamente en obras públicas sino también en labores particulares como criados e incluso más que los esclavos. Pues cualquier trabajo desagradable, duro y vil que existe, del cual el aburrimiento y la desesperación apartan a los demás, de todo esto se encargan voluntariamente y con alegría, procurando paz y descanso al resto, estando en continuo trabajo y labor ellos mismos sin meterse con los demás. Ni reprueban las vidas de otros hombres ni se vanaglorian de la propia. Estos hombres cuanto más serviciales resultan más honrados son por todos. Sin embargo están divididos en dos sectas. Una es la de aquellos que viven célibes y castos, absteniéndose de la compañía de las mujeres y de comer carne y algunos de ellos la de toda clase de animales. Estos, renunciando completamente a los placeres de la vida presente por perjudiciales, están enteramente orientados a base de observancia y sudores al deseo de la vida futura, esperando obtenerla en breve y sintiéndose mientras tanto alegres y radiantes. La otra secta no está menos dispuesta al trabajo pero abraza el matrimonio sin despreciar sus consuelos, pensando que no pueden librarse de sus compromisos para con la naturaleza sin labor y esfuerzo, ni para con su país natal sin la procreación de hijos. No se abstienen de ningún placer que no les impida el trabajo. Les gusta la carne de las reses porque creen que con esta vianda se hacen más fuertes y robustos para el trabajo. Los utopienses consideran a esta secta la más sabia pero a la otra la más santa. Se reirían de los que prefieren la vida del celibato al matrimonio y la vida más dura a la vida más fácil si justificaran esto con la razón, pero puesto que dicen que van encaminados a ello por la religión, les honran y veneran. Y estos son aquellos que en su lengua se conoce por el nombre característico de butrescas,[84] palabra que traducida significa para nosotros hombres de religión o religiosos. Tienen sacerdotes de extrema santidad y por tanto muy pocos, pues no hay más que trece en cada ciudad, correspondientes al número de sus iglesias, salvo cuando van a la guerra pues entonces se van con el ejército siete de ellos en lugar de los cuales se crean otros tantos nuevos en el país pero cada uno de los otros, a su regreso, se reincorpora de nuevo a su propia plaza. Mientras tanto los sobrantes, hasta el momento de suceder a los otros en sus plazas a su muerte, están continuamente en compañía del obispo ya que él es el jefe supremo de todos ellos. Son elegidos entre el pueblo, como los demás magistra-

84 βον prefijo que significa «extraordinario» y θοῆσχος, «religioso».

dos, por votos secretos para evitar los conflictos. Después de la elección son consagrados por su propia comunidad. Son los inspectores de toda materia divina, reguladores de las religiones y, por decirlo así, jueces y maestros de costumbres. Y es una gran vergüenza y deshonra ser censurado o reprendido por alguno de ellos a causa de una vida disoluta y licenciosa. Pero así como es su misión dar buenas exhortaciones y consejos, igualmente es el deber del príncipe y de los restantes magistrados corregir y castigar a los culpables, sólo que los sacerdotes excluyen de tener ninguna participación en los asuntos divinos a quienes encuentran extremadamente viciosos. Y entre ellos apenas si existe castigo más temido, pues incurren en muy gran infamia y se atormentan interiormente con un secreto temor religioso y no escapan largo tiempo indemnes en sus personas pues a menos que con pronto arrepentimiento demuestren la enmienda de sus vidas a los sacerdotes, son apresados y castigados por el Consejo como malvados e irreligiosos. Tanto la infancia como la juventud es instruida y enseñada por aquéllos.[85] Y no son más diligentes para instruirles en la enseñanza que en la virtud y buenas costumbres. Pues suelen inculcar en las mentes de los niños con gran esfuerzo y diligencia, mientras todavía son tiernos y dóciles, ideas buenas y provechosas para la conservación de su república, las cuales una vez enraizadas en los niños, persisten en

85 No parece que las necesidades educativas pudieran ser atendidas por tan pocos sacerdotes.

ellos toda su vida futura y son extraordinariamente útiles para la defensa y mantenimiento del nivel de la república que nunca desciende si no es por vicios originados en ideas perversas. Los sacerdotes, a menos que sean mujeres (pues este sexo no se excluye del sacerdocio aunque pocas son elegidas y solamente viudas y mujeres de edad), los hombres sacerdotes, digo, eligen a sus esposas entre las principales mujeres de todo el país. A ningún título se concede entre los utopienses más honor y preeminencia hasta el punto de que si cometen alguna mala acción no están sometidos a los tribunales ordinarios sino que se les remite a Dios y a sí mismos, pues no consideran legal que alcance mano humana a aquel, por vicioso que sea, que de suerte tan singular fue dedicado y consagrado a Dios como ofrenda sagrada. Esta costumbre pueden observarla fácilmente porque tienen tan pocos sacerdotes y los eligen con tantas precauciones.[86] Pues ocurre raramente que el más virtuoso entre los virtuosos, que por atención únicamente a su virtud es promovido a tan alta dignidad, caiga en el vicio y en la maldad. Y si ocurriera realmente (puesto que la naturaleza humana es mudable y frágil) dado que son tan pocos y no son promovidos a ningún valimiento ni poder sino sólo al honor, no habría que temer que se siguiera ni resultara ningún gran perjuicio para la república por su causa. Tienen tan pocos y limitados sacerdotes porque si el honor fuera

86 En *A Dyalogue Concerning Herecies*, Moro insiste en la necesidad de pocos y buenos sacerdotes para remediar los abusos.

conferido a muchos el prestigio de la orden, que es ahora entre ellos tan altamente estimado, acabaría en desdén, especialmente porque piensan que es difícil encontrar a muchos lo suficientemente buenos para ser dignos de tal cargo para cuya práctica y desempeño no basta con estar dotado de muchas virtudes. Además estos sacerdotes no son más apreciados por sus propios compatriotas que lo son por los países extranjeros y de fuera cosa que puede manifestarse claramente con esto, y yo pienso también que este es el motivo, y es que mientras los ejércitos luchan entre sí en campo abierto, ellos, un poco apartados no lejos de allí, se arrodillan revestidos con sus ornamentos sagrados y alzan las manos al cielo: Ruegan en primer lugar por la paz, después por la victoria de su propio bando, pero para ningún bando una victoria sangrienta. Si su ejército lleva las de ganar corren al centro de la lucha y evitan que sus propios hombres maten y persigan cruelmente a sus enemigos vencidos. El mero hecho de que sus enemigos les vean y les hablen es suficiente para la salvación de sus vidas y tocar sus ropas defiende y protege todos sus bienes de la rapiña y el expolio. Esta característica les ha merecido tan alto respeto y verdadera majestad entre todas las naciones que muchas veces han protegido tanto a sus propios ciudadanos del empuje cruel de sus enemigos como a sus enemigos de la rabia furiosa de sus hombres. Pues es bien sabido que cuando su propio ejército ha retrocedido y ha vuelto la espalda desesperadamente y ha huido perseguido fieramente por sus enemigos con encarnizamiento y rapacidad, entonces los sacerdotes interponiéndose han evitado el asesinato y separado a ambas huestes de modo que la paz se ha hecho y concertado entre ambas partes en condiciones equitativas y desapasionadas. Pues nunca hubo nación fiera, cruel y ruda hasta el punto de no tenerles el respeto de considerar sus cuerpos sagrados y santificados y por tanto, no para ser tocados violenta e irreverentemente.

Santifican el primer y último día de cada mes y año, dividiendo el año en meses que miden por el curso de la luna de la misma manera que lo hacen con el año por el curso del sol. A los primeros días los llaman en su lengua linemernes y a los últimos trapemernes, palabras que pueden ser traducidas por primifestos y finifestos o bien, en nuestra lengua, por primera fiesta y última fiesta. Sus iglesias son espléndidas y no sólo de fina y curiosa factura sino que son también (lo que por su poca cantidad era necesario) muy anchas y largas y capaces de dar cabida a una gran cantidad de gente. Pero son todas algo oscuras. Sin embargo esto no se hizo por ignorancia de la construcción sino, según dicen, por consejo de los sacerdotes porque pensaron que una luz excesiva distrae al hombre de sus meditaciones mientras que en penumbra y con luz difusa se concentran y fijan más seriamente en la religión y la devoción,[87] que, puesto que no es allí de un mismo tipo para todos los hombres y aunque todas sus clases y manifestaciones sean diversas y numerosas, coincide en

87 Espíritu «románico» frente a la luminosidad gótica. Los Cartujos, con quienes Moro había estado en contacto, consideraban la penumbra más conveniente para la concentración.

el respeto a la naturaleza divina como si se dirigiera por varios caminos a un mismo fin. Por eso en las iglesias no se ve ni se oye nada más que lo que parece coincidir igualmente con todos ellos. Si hay un tipo distinto de sacrificio característico de alguna secta diferente, lo celebran en privado en sus casas. Los sacrificios públicos están organizados de manera que no vayan en menoscabo ni perjuicio de ninguno de los sacrificios y religiones particulares. Por eso no se ve en las iglesias ninguna imagen de ningún dios para que cada hombre tenga la libertad de concebir a Dios según su religión de acuerdo con la imagen y semejanza que guste. No invocan otro nombre especial de Dios que el de Mitra, palabra con la que todos coinciden en la naturaleza única de la divina majestad cualquiera que sea. No se practican más oraciones que las que cualquier hombre puede rezar abiertamente sin ofender a ninguna secta. Por eso van a la iglesia el último día de cada mes y año por la tarde pero en ayunas, para dar allí gracias a Dios porque han pasado prósperamente el año o el mes del cual aquel día de precepto es el último día. Al día siguiente acuden a la iglesia por la mañana temprano para rogar a Dios que tengan buena suerte y éxito durante todo el nuevo año o mes que empiezan en aquel mismo santo día. Pero en las fiestas que se celebran los últimos días de los meses y años, antes de ir a la iglesia las esposas se postran en casa a los pies de sus maridos y los hijos a los pies de sus padres confesándose y reconociéndose culpables bien de algún hecho real o por omisión de sus deberes y piden perdón por sus pecados. Así, si en casa apareció alguna nube de descontento personal se disipa mediante esta satisfacción para que puedan estar presentes en los sacrificios con espíritus puros y caritativos pues tienen miedo de acudir allí con la conciencia intranquila. Por eso si saben que guardan rencor o resentimiento a cualquier hombre, no asisten a los sacrificios sin intentar reconciliarse y purificar sus conciencias, por temor a una gran venganza y castigo por sus pecados. Cuando llegan allí, los hombres van a la parte derecha de la iglesia y las mujeres a la parte izquierda. Se colocan de manera que todos los del sexo masculino de cada casa se sienten delante del cabeza de familia y los del sexo femenino delante de la esposa principal. Así se procura que todo gesto y comportamiento sea controlado y observado por aquellos con cuya autoridad y disciplina son dirigidos en casa. También se preocupan con interés de que los más jóvenes se junten siempre con sus mayores, pues si los niños estuvieran juntos pasarían el tiempo en travesuras infantiles donde deben sobre todo concebir un religioso y devoto temor de Dios, que es la principal y casi única incitación a la virtud. No sacrifican ningún animal vivo ni piensan que halle deleite en la sangre y las matanzas la piadosa clemencia de Dios, quien ha dado la vida a los animales para que vivan. Queman incienso y otros suaves aromas y encienden también un gran número de cirios y velas, no porque supongan que estas ceremonias sean de ningún provecho para la naturaleza divina, como tampoco las oraciones humanas, pero les gusta esta inofensiva e inocente manera de veneración y a través de estos suaves aromas y luces y otras tantas ceremonias, los hombres se sienten elevados y animados a la devoción con corazones más dispuestos. La gente lleva en la iglesia blancas vestiduras. El sacerdote se viste de colores variados que son excelentes como labor pero de género no muy rico pues sus vestiduras nunca están bordadas con oro ni con piedras preciosas incrustadas pero están trabajadas tan fina y hábilmente con distintas plumas de aves[88] que la consideración del nada costoso material es capaz de compensarse con el valor del trabajo. Además dicen que en estas plumas de pájaros y en el correspondiente orden que se observa en su colocación se contienen ciertos divinos misterios. Con el conocimiento de la interpretación de los mismos, que los sacerdotes enseñan diligentemente, se les recuerdan los generosos beneficios de Dios hacia ellos y el amor y reverencia que por su parte deben a Dios y también sus deberes mutuos. Al principio, cuando el sacerdote sale de la sacristía así revestido, en seguida cada uno de ellos se echa al suelo reverentemente en un silencio tan completo en todas partes que el simple aspecto externo de la ceremonia les infunde cierto temor de Dios como si Él se encontrara allí personalmente. Cuando han estado postrados un momento en el suelo, el sacerdote les da la señal de levantarse. Entonces dirigen a Dios sus oraciones cantadas que acompañan con instrumentos de música, en su mayoría de forma distinta de la

88 En las *Quatuor Navigationes* se habla de las plumas de los ornamentos religiosos de los indios.

que nosotros usamos en esta parte del mundo. Y si bien muchos de los nuestros son más suaves que los suyos, muchos de los suyos son mejores que los nuestros. Pero en una cosa sin duda nos aventajan en grado sumo; y es que toda su música, tanto la que tocan con instrumentos como la que cantan con la voz humana, recuerda y expresa hasta tal punto las emociones naturales, el sonido y el tono se acomoda y concuerda tanto con el tema, que tanto si es una oración como un motete de alegría, de resignación, de inquietud, de tristeza o de ira, la forma de la melodía indica de tal manera el significado del tema que emociona, conmueve, penetra e inflama admirablemente los espíritus de los oyentes.[89] Al final el pueblo y el sacerdote al unísono repiten solemnes oraciones con palabras claramente pronunciadas, compuestas de modo que cada uno pueda aplicarse personalmente lo que todos dicen en común. En estas oraciones cada hombre reconoce y declara que Dios es su creador, su soberano y la causa principal de todos los demás bienes, agradeciéndole los muchos beneficios recibidos de su mano, pero principalmente que, por la gracia de Dios, le ha tocado vivir en aquella república que es tan feliz y rica y ha elegido la religión que confía que sea la más verdadera. Si en este asunto se equivocan en algo o si existe alguna mejor que una u otra de las suyas que sea más agradable a Dios,

89 En el Renacimiento se pensaba que la música vocal había de expresar el mundo interior del hombre. Es Moro el primero en ampliar el concepto a la música instrumental. (Cfr.: LOWINSKY, *English Organ Music of the Renaissance*, «Musical Quarterly», 39, 1953.)

le ruega como persona dispuesta a seguir cualquier camino que Él le indique, que por su bondad le ponga en conocimiento de la misma. Pero si esta forma y organización del Estado es la mejor y su propia religión la más verdadera y perfecta, entonces ruega a Dios que le conceda una firmeza constante y que guíe al resto de la humanidad hacia el mismo orden de vida y hacia la misma idea de Dios, a menos que en esta diversidad de creencias haya algo que favorezca sus inescrutables designios. Para acabar le ruega que después de su muerte pueda encaminarse hacia Él. Pero si ha de ser pronto o tarde, esto ya no se atreve a fijarlo ni determinarlo. Sin embargo, si pudiera conciliarse con la voluntad de Su majestad, estaría más contento muriendo con una muerte dolorosa y dirigirse así hacia Dios que estar alejado de Él a cambio de vivir largamente en la prosperidad terrena. Después de rezar esta oración se postran de nuevo y un poco después se levantan y van a almorzar. Y el resto del día lo pasan en juegos y ejercicios de caballería. Con eso os he expuesto y descrito tan exactamente como he podido la forma y organización de aquella república que realmente, en mi opinión, es no sólo la mejor sino la única que con justo derecho puede reclamar y atribuirse el nombre de república o comunidad de bienes. Pues en otros lugares también hablan del bien común pero todo el mundo procura su propia ganancia privada. Donde nada es privado los asuntos públicos son seriamente atendidos. Y verdaderamente en las dos situaciones tienen buenos motivos para hacer lo que hacen. Pues en otros países ¿quién no sabe que morirá de hambre si no consigue algunas provisiones para sí mismo aunque la república nunca haya sido tan próspera en riqueza? Y por esto se ve obligado, incluso por necesidad, a mirar por sí mismo antes que por el pueblo, es decir por los demás. En cambio donde todas las cosas son comunes para todos, no hay temor de que nadie pueda carecer de lo necesario para sus usos particulares puesto que los almacenes y graneros comunes están suficientemente provistos, pues allí no se distribuye nada de manera mezquina ni hay ningún pobre ni mendigo. Y aunque nadie tiene nada todo el mundo es rico pues ¿qué mayor riqueza hay que vivir alegres y contentos sin penas ni problemas, sin preocuparse de la propia manutención ni estar inquietos o afligidos con las quejas importunas de sus esposas, sin temer la pobreza de su hijo, y sin angustiarse por la dote de sus hijas? Ellos se preocupan ciertamente de la manutención y riqueza, personal y de todos los suyos, de sus esposas, sus hijos, sus sobrinos, los hijos de sus hijos y toda la descendencia que vendrá en futuras generaciones. Y además de esto no tienen menos atenciones para los que están ahora débiles e impotentes que para los que ahora trabajan y se esfuerzan. Ahora quisiera ver si alguien se atreve a comparar con esa equidad la justicia de otras naciones. Reniego de Dios si puedo encontrar ningún signo ni señal de equidad y justicia en ellas. Pues ¿qué justicia es que un rico orfebre o un usurero o en fin, cualquiera de los que no hacen nada en absoluto o bien que lo que hacen no es muy necesario para la república, haya de tener una vida rica y placentera sea en la ociosidad o en negocios innecesarios, cuando al mismo tiempo pobres trabajadores, carreteros, herreros, carpinteros y labradores que pueden apenas mantenerse con un trabajo tan grande y continuo como es arrastrar y llevar animales, y además un trabajo tan necesario que sin él ninguna república sería capaz de seguir y durar un año, hayan de tener una vida tan dura y pobre y vivir una vida tan desgraciada y miserable que el estado y condición de los animales de labor puede parecer mucho mejor y más cómodo? Pues a estos no se les obliga a tan continua labor ni su vida es mucho peor sino mucho más agradable para ellos, que no piensan mientras tanto en el futuro. Pero estos desgraciados, pobres y sencillos, son actualmente atormentados con trabajo inútil y sin provecho. Y la consideración de su vejez, en la indigencia y la mendicidad, les mata. Pues su paga diaria es tan pequeña que no basta para el mismo día; mucho menos deja ningún remanente que pueda ahorrar día a día para el alivio de la vejez. ¿No es una república dura e injusta la que concede grandes rentas y recompensas a los nobles, como les llaman, y a los orfebres y a otros parecidos que, o bien son unos holgazanes o sólo aduladores e inventores de vanos placeres y, por el contrario, no hace ninguna noble previsión para los pobres labradores, carboneros, peones, carreteros, herreros y carpinteros sin los cuales ninguna república puede seguir adelante? Al contrario, después de haber explotado los esfuerzos de su edad vigorosa y productiva, al final, cuando están oprimidos por la vejez y la enfermedad, necesitados, pobres y menesterosos de todas las cosas, entonces olvidando sus muchos y penosos desvelos, no recordando sus muchos y grandes beneficios, les recompensan y pagan muy duramente con una muerte miserable. Y además de esto los ricos, tanto por fraude particular como por las leyes públicas, cada día esquilman y arrebatan al pobre parte de sus medios de vida diarios. Así si antes parecía injusto recompensar con ingratitud los esfuerzos que han sido beneficiosos para la república, ahora a este erróneo e injusto comportamiento (lo cual es todavía mucho peor) lo llaman justicia, y además sancionado por la ley. Por eso cuando considero y medito sobre todas estas repúblicas que hoy en día florecen por doquier, válgame Dios que no puedo distinguir sino una conspiración de los ricos que procuran su propio beneficio bajo el nombre y título de bien común. Inventan y conciben todos los medios y argucias, primero para conservar con seguridad, sin miedo de pérdida, lo que han acumulado injustamente y después para alquilar y explotar el trabajo y esfuerzo de los pobres por tan poco dinero como puedan. Cuando los ricos han decidido que se guarden y observen estas medidas con el pretexto de la comunidad, es decir también de los pobres, entonces se convierten en leyes. Pero estos malvados y viciosos aun cuando con su insaciable codicia se han repartido todo lo que habría bastado para todos, ¿cuán lejos se hallan de la riqueza y de la felicidad de la república de Utopía? En esta, donde todo el deseo de dinero con la utilidad del mismo es completamente bloqueado y prohibido, ¡qué gran cantidad de problemas se evitan! ¡Cuántas oportunidades de maldad y engaño se arrancan de raíz! Pues ¿quién no sabe que el fraude, el robo, la rapiña, las disputas, las peleas, las riñas, los conflictos, las censuras, las contiendas, el asesinato, la traición, los envenenamientos, que con castigos diarios son más vengados que evitados, mueren cuando muere el dinero? ¿Y también que el miedo, las penas, los cuidados, los trabajos y desvelos perecen en el mismo momento que perece el dinero? Sí, la misma pobreza que sólo parece carencia de dinero, si la moneda desapareciera también disminuiría y se esfumaría. Y para que podáis percibir más claramente esto, considerad los años secos e infructíferos en que muchos millares de personas han muerto de hambre. Me atrevo a decir que al final de estas penurias se hubiera podido encontrar tanto trigo o grano en los graneros de los ricos si hubieran sido registrados, que si se hubieran repartido entre aquellos a quienes el hambre y la peste consumió, nadie en absoluto habría sentido aquella plaga y penuria. ¡Tan fácilmente podrían los hombres obtener su manutención si no hubiera obstaculizado por sí sola el camino entre nosotros y nuestra manutención aquella misma apreciada princesa, doña Moneda, que fue muy encarecidamente concebida e inventada con la buena fama de que por medio de ella se abriría aquel camino. Estoy seguro de que los ricos se dan cuenta, que no son tan ignorantes, de lo mejor que sería no carecer de ninguna cosa necesaria que abundar en tan excesiva superfluidad, librarse de innumerables cuidados y problemas que estar sitiado y agobiado con grandes riquezas. Y no dudo que el respeto a la comodidad privada de cada hombre o la autoridad de nuestro salvador Cristo (que con su gran sabiduría no pudo dejar de saber lo que era mejor, y por su inestimable bondad no podía aconsejar más que lo que sabía que era mejor) habrían conducido a todo el mundo desde hace mucho a las leyes de esa república si no fuera porque una sola fiera, la princesa y madre de todos los males, la Presunción, no lo evitara e impidiera. Ella no mide la riqueza y la prosperidad por sus propias ventajas sino por la miseria y desventajas de los demás, no querría ser hecha diosa de buena gana si no quedaran desgraciados sobre los cuales pudiera, como una dama desdeñosa, regir y triunfar, sobre cuyas miserias su felicidad pudiera brillar, cuya pobreza pudiera humillar, atormentar y acrecentar por medio de la suntuosa exhibición de su riqueza. Esta bestia infernal se introduce en los corazones de los hombres y les impide seguir el recto camino de la vida y está tan enraizada en los pechos humanos que no puede ser arrancada. Estoy contento sin embargo de que esta forma y organización estatal que quisiera de buen grado para todas las naciones se dé entre los utopienses, quienes han seguido aquellas bases de vida por las cuales han puesto los cimientos de su república de modo que seguirá y continuará no sólo prósperamente sino también, en la medida que la mente humana puede juzgar y conjeturar, durará siempre. Pues viendo que las principales causas de la sedición y la ambición, con otros vicios, son arrancados de raíz y abandonados en su país, no hay peligro de disensión interna, la única que ha echado por los suelos y llevado a la nada la bien asegurada y fuertemente defendida abundancia y riqueza de muchas ciudades. Pero en la medida que permanece una perfecta concordia y se cumplen las leyes justas en el propio país, la envidia de todos los príncipes extranjeros no basta para sacudir o conmover el imperio, aunque hace mucho tiempo que han intentado hacerlo muchas veces y han sido siempre rechazados.

Así cuando Rafael finalizó su narración aunque se me ocurrieron muchas cosas que en las costumbres y leyes de aquel pueblo parecían no estar establecidas ni fundadas en ninguna buena razón, no sólo en la práctica de su caballería y en sus sacrificios y creencias y en otras de sus leyes sino también y sobre todo en aquello que es la base principal de sus disposiciones, es decir en la comunidad de su vida y de sus recursos sin ninguna utilización de dinero, cosa suficiente para que toda la nobleza, magnificencia, respeto, honor y majestad, los verdaderos ornatos y honores, según la común opinión, de una república, sean completamente subvertidos y destruidos.[90] Pero como sabía que él estaba cansado de hablar y yo no tenía la seguridad de que aceptase que se dijera alguna cosa en contra de su opinión, recordando espe-

90 Ironía de Moro ante la común opinión que valora el dinero con un espíritu nada cristiano.

cialmente que había reprendido esta falta en otros, que tienen miedo de no parecer lo suficiente sabios si no encuentran alguna falta en las ocurrencias de los demás, por eso, alabando tanto sus instituciones como su relato, le cogí de la mano y le llevé a cenar diciendo que elegiríamos otra ocasión para considerar y examinar tales materias y hablar con él más largamente de ellas. Dios quiera que ocurra alguna vez. Mientras tanto aunque no acabo de estar de acuerdo ni acepto todas las cosas que dijo, aunque por otra parte es sin duda un hombre singularmente culto y además cuidadosa y profundamente experimentado en todos los asuntos del mundo, tengo necesariamente que confesar y admitir que hay muchas cosas en la república de Utopía que, más que confiar en ello, desearía para nuestras ciudades.

ASÍ TERMINA LA DISERTACIÓN DE TARDE DE RAFAEL HYTHLODAY SOBRE LAS LEYES E INSTITUCIONES DE LA ISLA DE UTOPÍA.

PENSAR LA UTOPÍA

por URSULA K. LE GUIN

Una visión no euclidiana de California como futuro lugar frío

Cuando pergeñé y escribí mi novela de 1974 *Los desposeídos: una utopía ambigua*, tenía como guía el pensamiento anarcopacifista, y la concepción esencial del libro es racional y política, en la medida en que el anarquismo es ambas cosas. Al poco de acabarla, me hubiera gustado avanzar hacia una utopía aún más abierta, por así decirlo.

En 1982 escribí este texto en memoria de un buen amigo y gran teórico utópico, y para aclarar mis ideas y opiniones sobre el proyecto general de escribir una utopía. Por entonces no era consciente de que el texto tenía otro propósito más. Ahora entiendo que, aunque criticaba la utopía planificada de antemano, el kit del constructor para una Buena Sociedad concebida racionalmente, también buscaba a tientas la nueva dirección que yo misma podría seguir: la vía hacia una visión personal, propia, de un lugar en que las personas tuvieran más posibilidades de vivir como es debido y con justicia.

En 1985 publiqué el resultado de esas exploraciones en forma de novela, como una «arqueología del futuro», *El eterno regreso a casa*. El relato se sitúa en un valle de

California que he conocido desde que nací y que amo profundamente, el sísmico e inamovible centro de mi vida. Me esforcé mucho por ser absolutamente fiel a la naturaleza de aquel espacio en todo cuanto tenía que ver con su geología, flora y fauna reales, así como también a mi percepción de su potencialidad sagrada. Por esa razón, escribir la novela exigió una implicación emocional más intensa y una experimentación y un riesgo mayores de los que había asumido en mis libros anteriores. Malentendida a veces, atribuyéndole una intención nostálgica o regresiva; minusvalorada otras, como escapista o mística, *El eterno regreso a casa* cuestionaba las expectativas utópicas de un modo que no lo hace *Los desposeídos*.

¿Es posible escribir una utopía, hoy en día, que no sea al estilo de la vieja ciencia-ficción, un mero parche tecnológico?

Las distopías son sin duda más fáciles. En este momento estamos inundados de novelas que se regodean con ganas en el colapso de la naturaleza y la autodestrucción de la civilización en un futuro cercano. Ese desmoronamiento aparece en *El eterno regreso a casa*, pero como un período histórico: todavía conocido, todavía incalculablemente dañino, pero perteneciente al pasado. La sociedad que se describe en la novela, consciente de sus frágiles cimientos, se muestra menos segura de sí misma, más introvertida, que las sociedades utópicas clásicas, más yin que yang. Está tan inspirada por Lao-Tse como por Tomás Moro. Con todo, es uno de los primeros intentos de llevar el gran proyecto utópico que empezó Moro a un mundo nuevo, más allá de las convenciones y limitaciones del viejo. Estoy totalmente segura de que no será el último.

Robert C. Elliott murió en 1981, en plenitud de facultades, cuando acababa de terminar su libro *The Literary Persona*. Era el más genuino de los profesores y el más amable de los amigos. Este texto se redactó para que se leyera como la primera de una serie de conferencias impartidas en su memoria en su facultad de la Universidad de California, San Diego.

En inglés utilizamos la palabra francesa *lecture*, «lectura» [*reading*, en inglés, o, en este contexto, «ponencia», «conferencia»] para referirnos a leer y hablar en voz alta, a una actuación; los franceses no llaman a ese acto *lecture* sino *conference*. La distinción es interesante. La lectura [*reading*] supone una colaboración silenciosa entre el lector y el escritor, separados ambos; la impartición de una conferencia [*lecturing*] implica una colaboración ruidosa del conferenciante [*lecturer*] y su audiencia, juntos. La peculiar forma parcheada, en retazos, de este texto es un intento por mi parte de que sea una «conferencia», una obra que se (re)presenta en público, una pieza para varias voces. El tiempo y el lugar, una cálida noche de abril en La Jolla en 1982, pertenecen al pasado, y el acogedor y ruidoso público debe ser reemplazado por el amable lector, pero la primera voz sigue siendo la de Bob Elliott.

En *The Shape of Utopia*, al referirse a nuestra desconfianza moderna frente a la utopía, decía:

> Si la palabra ha de redimirse, lo tendrá que hacer alguien que haya seguido la utopía al abismo que se abre detrás de la visión del Gran Inquisidor, y que luego haya salido trepando a gatas por la otra vertiente.[1]

Ése es mi punto de partida, esa imagen chocante, y mi lema es:

> *Usà puyew usu wapiw!*

Volveremos a ambos, no teman; de lo que trato aquí es precisamente del regreso.

En el primer capítulo de *The Shape of Utopia*, Bob señala que en las grandes festividades participativas como las Saturnalia, el Mardi Gras o las Navidades, la era de la paz y la igualdad, la Edad Dorada, puede vivirse en un intervalo separado por la fiesta, un tiempo fuera del tiempo cotidiano. Pero introducir la *communitas* perfecta en la estructura de la sociedad normal sería una tarea que sólo Zeus podría abordar; o, «si uno no cree en la buena voluntad de Zeus o ni siquiera en su existencia», sostiene Bob, entonces sería una tarea para la mente del hombre.

1 Robert C. Elliott, *The Shape of Utopia*, University of Chicago Press, Chicago, 1970, pág.100.

> La utopía es la aplicación de la razón y la voluntad del hombre al mito [de la Edad Dorada], el empeño del hombre de entender imaginativamente lo que sucede —o podría suceder— cuando los anhelos primordiales encarnados en el mito se enfrenten al principio de realidad. En ese esfuerzo, el hombre ya no se limita a soñar en un estado divino en alguna época remota: asume el papel del creador.[2]

La Edad Dorada, o el Tiempo de los Sueños, sólo es remota de la mente racional. No es accesible a la razón euclidiana; pero sí lo es, según las pruebas de todos los mitos y del misticismo y las certezas de toda religión participativa, para aquellos que posean el don o la disciplina para percibirla, aquí mismo, ahora mismo. Aunque pertenezca a la esencia misma de la utopía racional o jupiterina el no estar aquí y no ser ahora. Es fruto de la reacción de la voluntad y la razón contra el aquí-y-ahora, para alejarse de él, y (no) está, como dijo Moro al darle nombre, en ningún sitio. Es estructura pura sin contenido; modelo puro; fin. Ahí radica su virtud. La utopía es inhabitable. En cuanto la alcanzamos, deja de ser utopía. Como prueba de este triste pero ineludible hecho, podría señalar que nosotros, en esta sala, aquí y ahora, estamos habitando la utopía.

De niña me contaron, y me gustaba creer, que California se llamaba «The Golden State» [«El estado Dorado»],

2 *Ibid.*, págs. 8-9.

no sólo por el metal que encontró Sutter sino por las amapolas silvestres de sus colinas y la avena silvestre del verano. Supongo que para los españoles y los mexicanos esto simplemente estaba en el quinto pino, pero para los anglos ha sido una verdadera utopía: la Edad Dorada convertida en accesible a fuerza de voluntad, el paraíso salvaje que ha de ser domesticado por la razón; el lugar donde te liberas de las viejas cadenas y ataduras, dejando atrás tu granja y tus botas de goma, olvidándote de tu reumatismo y tus inhibiciones, asumiendo un nuevo «estilo de vida» en un no-aquí-no-ahora donde todo el mundo se hace rico en las películas o encuentra el significado de la vida o, como mínimo, coge un buen bronceado volando en ala delta. Y la avena y las amapolas silvestres todavía brotan como oro puro en las grietas que se abren en el cemento que hemos vertido sobre utopía.

Al «asumir el papel del creador» buscamos lo que Lao-Tse denomina «el provecho de lo que no existe», más que el participar en lo que ya hay. Reconstruir el mundo, para rehacerlo o racionalizarlo es correr el riego de perder o destruir lo que de hecho existe.

Después de todo, California no estaba vacía cuando llegaron los anglos. Pese a los esfuerzos de los misioneros, seguía siendo la región más poblada de América del Norte.

Lo que los blancos percibían como unas tierras vírgenes que había que «domesticar» era de hecho mejor conocido para los seres humanos de lo que lo ha vuelto a ser desde entonces: conocido y con sus correspondientes nombres. Cada colina, cada valle, arroyo, cañón, quebrada, barranco, desfiladero, saliente, acantilado, risco, playa, recodo, canto rodado de gran tamaño y árbol de cualquier tipo tenía su nombre, su lugar en el orden de las cosas. Se percibía un orden, que los invasores desconocían por completo. Cada uno de esos nombres nombraba, no un fin, un lugar al que llegar, sino un lugar en el que uno estaba, un centro del mundo. Había centros del mundo por toda California. Uno de ellos es un risco en el río Klamath. Se llamaba Katimin. El risco sigue ahí, pero ya no tiene nombre, y el centro del mundo tampoco está ahí. Las seis direcciones sólo pueden encontrarse en el tiempo vivido, en el lugar que la gente llama hogar, la séptima dirección, el centro.

Pero dejamos el hogar, gritando *Avanti!* y *Hacia el Oeste!*, impulsados por nuestra razón divina, que se impacienta ante el limitado, indisciplinado e irrazonable presente y anhela liberarse de los grilletes del pasado.

«La gente grita que quiere crear un futuro mejor», dice Kundera en *El libro de la risa y el olvido*.

> No es verdad. El futuro es un vacío indiferente que no le interesa a nadie, mientras que el pasado está lleno de vida, y su rostro nos excita, nos irrita, nos ofende, y por eso queremos destruirlo o retocarlo. Los hombres quieren ser dueños del futuro sólo para poder cambiar el pasado.[3]

3 Milan Kundera, *The Book of Laughter and Forgetting*, Penguin Books, 1981, pág. 22. [Las citas de esta obra se han cotejado con la edición española *El libro de la risa y el olvido*, trad. Fernando de Valenzuela, Tusquets Editores, Barcelona, 1982. (*N. del T.*)]

Y al final del libro, habla con el entrevistador sobre el olvido. El olvido es

> El gran problema privado del hombre: la muerte como pérdida del yo. Pero ¿qué es el yo? Es la suma de todo lo que recordamos. Así, lo que nos aterra de la muerte no es la pérdida del futuro sino la del pasado.[4]

Y por eso, afirma Kundera, cuando una gran potencia quiere privar a una pequeña de su identidad nacional, de su conciencia de sí, recurre a lo que él denomina el «método del olvido organizado».

Y cuando una cultura orientada hacia el futuro invade a otra centrada en el presente, el método se vuelve una compulsión. Las cosas se olvidan sistemáticamente. ¿Qué significan los nombres «Costanoan», «Wappo»? Eran los que daban los españoles a la gente que vivía en el Área de la Bahía de San Francisco y en el Valle de Napa, pero el nombre que se daban esos pueblos a sí mismos lo desconocemos: los nombres se olvidaron incluso antes que los pueblos fueran aniquilados. No había pasado. *Tabula rasa*.

Uno de nuestros métodos más depurados de olvido organizado se denomina descubrimiento. Julio César ejemplifica la técnica con característica elegancia en *La*

4 *Ibíd.*, págs. 234-235 [de la traducción inglesa; la entrevista —con Philip Roth— no está incluida en la versión española, pero puede encontrarse en la obra de Roth: *El oficio: Un escritor, sus colegas y sus obras*, trad. de R. Buenaventura, Seix Barral, Barcelona, 2011. *(N. del T.)*]

guerra de las Galias. «No estaba claro que Britania existiera —dice— hasta que yo fui allí.»

¿Para quién no estaba claro? Pero lo que sepan los bárbaros no cuenta. Sólo si el divino César la ve, puede Britania gobernar las olas.

Sólo si un europeo la descubría o la inventaba, podría existir América. Al menos Colón tuvo el ingenio, en su locura, de confundir Venezuela con las afueras del Paraíso. Pero lo que subrayó fue la disponibilidad de mano de obra esclava barata en el Paraíso.

El primer capítulo de *California: An Interpretive History*, del profesor Walton Bean, incluye el siguiente párrafo:

> La supervivencia de una cultura de la Edad de Piedra en California no fue la consecuencia de limitaciones biológicas hereditarias que afectaran al potencial de los indios como «raza». Habían estado geográfica y culturalmente aislados. Las grandes extensiones de océanos, montañas y desiertos habían protegido a California tanto de los estímulos extranjeros como de su conquista...

(permanecer aislado del contacto y protegido de la conquista son, como ya habrán notado, características de la utopía),

> ... e incluso en el interior de la propia California, los grupos indios estaban tan asentados que mantenían poco contacto entre ellos. En la vertiente positiva, hay algo que decir en defensa de su cultura tal y como era... Los indios de Califor-

nia habían consumado una buena adaptación a su entorno y habían aprendido a vivir sin destruirse entre ellos.[5]

El excelente libro del profesor Bean es superior a muchos de los de su especialidad, al menos en el ámbito que a mí me interesa: el primer capítulo. El Capítulo Uno de la historia de América —Norte o Sudamérica, nacional o regional— suele ser breve. Excepcionalmente breve. En él se mencionan las «tribus» que «ocupaban» la zona y tal vez se las describa poco más que anecdóticamente. En el Capitulo Dos, un europeo «descubre» la zona; y con un suspiro de alivio el historiador se lanza a una narración de la conquista —a la que a menudo se refiere como asentamiento o colonización— y de los actos de los conquistadores. Dado que los historiadores han tendido a definir tradicionalmente la historia como un registro escrito, esta descompensación resulta inevitable. Y, en un sentido más general, es legítima; porque los pueblos no-urbanos de América carecían de historia en esos términos, y por tanto sólo son visibles para el antropólogo, no para el historiador, salvo cuando entraron en la historia de los Blancos.

La descompensación es inevitable, legítima y también, en mi opinión, muy peligrosa. Manifiesta, muy oportunamente, el deseo de los conquistadores de negar el valor de las culturas que destruían y de deshu-

5 Walton Bean, *California: An Interpretive History*, McGraw-Hill, Nueva York, 1968, pág.4.

manizar a la gente que mataban. Comparte buena parte del método del olvido organizado. El simple hecho de llamarlo «el Nuevo Mundo»... ¡Ése sí es un parto por *Cesárea*!

Las palabras *holocausto* y *genocidio* se han puesto de moda, pero no se aplican con frecuencia a la historia de América. En la facultad de Berkeley no nos explicaban que la historia de California tenía la solución final a modo de primer capítulo. Se nos contaba que los indios «cedieron» ante el «avance del progreso».

En la introducción a *The Wishing Bone* Cycle, Howard A. Norman escribe:

> Los cree *swampy* [del norte de la Manitoba actual] tienen un término conceptual que he oído utilizado para describir el pensamiento de un puercoespín cuando retrocede para introducirse en la grieta de una roca:
>
> *Usà puyew usu wapiw!*
>
> «Retrocede, mira al frente.» El puercoespín retrocede conscientemente para especular a salvo sobre el futuro, atento a su enemigo o al nuevo día. Para los cree, es un instructivo acto de supervivencia.[6]

La fórmula de apertura de un relato cree es «una invitación a escuchar, seguida por la frase “retrocedo, miro al frente, como hace el puercoespín”».[7]

6 Howard A. Norman, introducción a *The Wishing Bone Cycle*, Stonehill Publishing Co., Nueva York, 1979.
7 *Ibid.*

Para especular a salvo sobre un futuro habitable, tal vez haríamos bien en buscar una grieta en una roca y retroceder. Para encontrar nuestras raíces, tal vez deberíamos buscarlas donde estas suelen estar. Al menos, el Espíritu del Lugar es más benigno que el excluyente y agresivo Espíritu de la Raza, el misticismo de la sangre que ha costado tanta sangre. Pese a toda nuestra autoconciencia, tenemos un conocimiento muy escaso de dónde vivimos, de dónde estamos aquí y ahora. Si lo tuviéramos, no lo ensuciaríamos como lo hacemos. Si lo tuviéramos, nuestra literatura lo cantaría. Si lo tuviéramos, nuestra religión sería participativa. Si lo tuviéramos —si de verdad viviéramos aquí, ahora, en este presente— podríamos tener cierta idea de nuestro futuro como pueblo. Sabríamos dónde está el centro del mundo.

> ... idealmente, en su versión más elevada y pura, la utopía aspira a (si es que no la ha alcanzado) la condición del idilio tal como la describe Schiller, ese modo de la poesía que conduciría al hombre, no de vuelta a la Arcadia, sino hacia el Elíseo, a un estado de la sociedad en el que el hombre estaría en paz consigo mismo y con el mundo externo.[8]
>
> Los indios de California habían consumado una buena adaptación a su entorno y habían aprendido a vivir sin destruirse entre ellos.[9]

8 Elliott, pág. 107.
9 Bean, pág. 4.

Era la Arcadia, claro, no el Elíseo. Hago caso a la advertencia de Victor Turner de no confundir las sociedades arcaicas o primitivas con la verdadera *communitas*, «que es una dimensión de todas las sociedades, pasadas y presentes».[10] No estoy proponiendo una vuelta a la Edad de Piedra. Mi pretensión no es reaccionaria, ni siquiera conservadora, sino simplemente subversiva. Da la impresión de que la imaginación utópica ha quedado atrapada, como el capitalismo, el industrialismo y la población humana, en un futuro unidireccional que sólo consistiría en crecer. Lo único que intento es pensar cómo poner un cerdo en las vías para que estorbe.

Retrocede. Da la vuelta y regresa.

> Si la palabra [utopía] ha de redimirse, lo tendrá que hacer alguien que haya seguido la utopía al abismo que se abre detrás de la visión del Gran Inquisidor.[11]

La utopía del Gran Inquisidor

> es fruto de «la mente euclidiana» (una expresión que Dostoyevski utilizaba con frecuencia), que está obsesionada con la idea de regular toda la vida mediante la razón y hacer feliz al hombre cueste lo que cueste.[12]

10 Victor W. Turner, *The Ritual Process: Structure and Ant-Structure*, Aldine Publishing Co., Chicago, 1969, pág. 129. [Hay trad. esp.: *El proceso ritual*, Taurus, Madrid, 1980.]
11 Elliott, pág. 100.
12 *Ibid.*

La visión única del Gran Inquisidor percibe la condición del hombre de una forma descrita con tremebunda claridad por Yevgueny Zamiatin, en *Nosotros*:

> Eran dos en el paraíso y se les ofreció la opción: felicidad sin libertad, o libertad sin felicidad. No había más opción.[13]

No había más opción. ¡Escuchemos ahora la voz de Urizen!

> Oculto, apartado entre severas cavilaciones,
> reservado para días futuros,
> he buscado una dicha sin dolor
> un sólido sin fluctuación.
> ...
> Y aquí mis tinieblas despliego, y sobre
> esta roca asentaré con mano fuerte el libro
> de bronce eterno, escrito en soledad.
> Leyes de paz, de amor, de concordia,
> de piedad, de compasión, de perdón.
> Que cada cual escoja su morada única,
> su antigua mansión infinita,
> una orden, una dicha, un deseo,
> una maldición, un peso, una medida,
> un Rey, un Dios, una Ley.[14]

13 Citada en Elliott, pág. 94. [De la novela de Zamiatin hay trad. esp. en Akal, Madrid, 2008.]

14 William Blake, *The Book of Urizen*, versos 52-55, 75-84. [Hay varias traducciones al español, una de las más accesibles, la de J. L. Palomares, *El libro de Urizen*, Hiperión, Madrid, 2003.]

Para creer en la utopía, decía Bob Elliott, tenemos que creer en que

> Mediante el ejercicio de la razón, los hombres pueden controlar y, en aspectos importantes, mejorar su entorno social... Uno debe tener fe de un tipo que nuestra propia historia ha hecho casi inaccesible.[15]

«Cuando se ha perdido el Tao», comentó Lao-Tse en una situación histórica bastante similar unos miles de años antes,

> queda la bondad; cuando se ha perdido la bondad, queda la justicia. Perdida la justicia, quedan los ritos. Los ritos son el final de la lealtad y la buena fe, el principio del desorden.[16]

«Las prisiones —decía William Blake— están construidas con las piedras de la Ley.»[17] Y volviendo al Gran Inquisidor, tenemos la reformulación que propone Milan Kundera del dilema de la Felicidad frente a la Libertad:

> El totalitarismo no es sólo el infierno, sino también el sueño del paraíso, el antiquísimo sueño de un mundo en que todos vivimos en armonía, unidos en una sola volun-

15 Elliott, pág.87.

16 Lao-Tse, *Tao Te King* [o *Dà Dé Jing*], Libro Segundo, capítulo 38.

17 William Blake, *The Marriage of Heaven and Hell*, Book III, *Proverbs of Heaven and Hell*, verso 21. [Hay varias traducciones al castellano, entre ellas la de J. L. Palomares, *El matrimonio del cielo y el infierno*, Hiperión, Madrid, 2001.]

tad y una sola fe comunes, sin secretos para los demás... Si el totalitarismo no hubiera explotado esos arquetipos, que todos llevamos muy dentro y están profundamente arraigados en todas las religiones, nunca habría atraído a tanta gente, sobre todo durante las fases iniciales de su existencia. No obstante, el sueño del paraíso, tan pronto como se pone en marcha hacia su realización, empieza a tropezar con personas que le estorban, y así los gobernantes del paraíso no tienen más remedio que edificar un pequeño gulag a un lado del Edén. Con el transcurso del tiempo, este gulag va creciendo en tamaño y perfeccionándose mientras que el paraíso contiguo se empequeñece y empobrece.[18]

Cuanto más pura, cuanto más euclidiana sea la razón que construye una utopía, mayor es su capacidad autodestructiva. Me temo que nuestra falta de fe en la bondad de la razón como fuerza de control está bien fundamentada. Debemos poner a prueba y confiar en nuestra razón, pero *tener fe* en ella supone elevarla a categoría divina. Zeus el Creador asume el poder. Los revoltosos titanes son enviados a las minas de sal, y el molesto Prometeo a la reserva. La misma tierra se acaba convirtiendo en una verruga en los muros del Edén.

La utopía racionalista es un subidón de prepotencia. Es una monoteocracia, declarada por decreto ejecutivo y mantenida a fuerza de voluntad; dado que su premisa es

18 Kundera, pág.233 [Roth, *Un oficio...*]

el progreso, no el proceso, no tiene un presente habitable, y habla sólo en tiempo futuro. Y al final hasta la propia razón debe rechazarla.

> Oh, ojalá nunca hubiera bebido el vino ni comido el pan
> de la oscura mortalidad, ni puesto mis ojos sobre el futuro, ni dado
> la espalda oscureciendo el presente, nublándolo con una nube,
> y construyendo arcos muy altos y ciudades, torres y torreones y cúpulas
> cuyo humo destruyó el agradable jardín, y cuyos canales encauzados
> ahogaron los ríos relucientes...
> ¡Vete, entonces, oh, oscuro tiempo futuro! Te arrojaré desde estos
> cielos de mi cerebro, y no miraré más al futuro.
> Me desprenderé del futuro y le daré la espalda a ese vacío
> que he creado, pues ¡ay! ¡el futuro es en este momento...!
> ...
> Así habló Urizen...
> ...
> Entonces, brillo esplendoroso, exultante en su alegría,
> él se alzó ruidosamente a los cielos, en desnuda majestad,
> en radiante juventud...[19]

19 William Blake, *Vala or the Four Zoas*, Book IX, versos 162-267,178-181, 186, 189-191. [Puede encontrarse una trad. esp. de B. Santano Moreno en el primer volumen de los *Libros proféticos*, Atalanta, Vilaür, 2013.]

Este es, ciertamente, el momento culminante de esta ponencia. Ojalá pudiéramos seguir a Urizen en su espléndida evasión vertical, pero es una ruta reservada para los poetas y compositores más importantes. El resto de nosotros debemos quedarnos aquí, en el suelo, caminando en círculos, proponiendo sinuosos viajes laterales, y planteando preguntas impertinentes. Ahora mi pregunta es: ¿Dónde está el lugar que creó el Coyote?[20]

En un texto sobre la enseñanza de la utopía, el profesor Kenneth Roemer afirma:

> Me di cuenta de la importancia de esta pregunta hace varios años en un curso de primero en la Universidad de Texas, en Arlington. Le pedí a los alumnos que escribieran un pequeño ensayo como respuesta a una situación hipotética: si tuvieras recursos económicos ilimitados y un apoyo total a todos los niveles, local, estatal y nacional, ¿cómo transformarías Arlington, Texas, en una utopía? Cuando la clase llevaba unos minutos escribiendo, una de las alumnas —una mujer madura e inteligente de treinta y muchos— se acercó a mi mesa. Parecía un poco avergonzada, incluso turbada. Me preguntó: ¿y si creo que Arlington, Texas, ya *es* utopía?[21]

¿Qué haces con *ella* en Walden Dos?

20 Véase nota 25. (*N. del T.*)

21 Kenneth Roemer, «Using Utopia to Teach in the Eighties», *World Future Society Bulletin*, julio-agosto, 1980.

La utopía ha sido euclidiana, ha sido europea y ha sido masculina. Pretendo insinuar de un modo elusivo, desconfiado, indigno de confianza, y todo lo oscuramente que puedo, que nuestra pérdida de fe definitiva en esa radiante entelequia puede permitir que nuestros ojos se acostumbren a una luz más tenue y perciban en ella otro tipo de utopía. Como esta utopía no sería euclidiana, europea ni masculinista, el lenguaje y las imágenes que utilizaría al hablar de ella tienen que ser provisionales, tentativas y pueden parecer peculiares. Las antítesis que propone Victor Turner entre estructura y *communitas* pueden resultarme útiles para mi tentativa de pensarla: la estructura en la sociedad, según sus propios términos, es cognitiva, una *communitas* existencial; la estructura proporciona un modelo, la *communitas*, un potencial; la estructura clasifica, la *communitas* reclasifica; la estructura se expresa en instituciones políticas y legales, la *communitas* en arte y religión.

> La *communitas* irrumpe entre los intersticios de la estructura, en la liminalidad; en las lindes de la estructura, en la marginalidad; y desde debajo de la estructura, en inferioridad. Casi en todas partes se la tiene por sagrada o «santa» porque transgrede o disuelve las normas que rigen las relaciones estructuradas o institucionalizadas y viene acompañada de experiencias de una potencia inaudita.[22]

22 Turner, pág.128.

El pensamiento utópico ha pretendido a menudo institucionalizar o legislar la experiencia de *communitas*, y cada vez que lo ha hecho se ha topado con el Gran Inquisidor.

> El funcionamiento de una máquina está determinado por su estructura, pero la relación se invierte en los organismos: es la estructura orgánica de estos la determinada por sus procesos.[23]

Lo anterior lo ha escrito Fritjof Capra, que proporciona aquí otra útil analogía. Si la tentativa de crear una estructura que garantice la *communitas* está ensartada en los cuernos de su propio dilema, ¿no deberíamos abandonar el modelo de la máquina y probar con el orgánico, dejando que los procesos determinen la estructura? Pero hacerlo es ir todavía más lejos que los anarquistas y arriesgarse no sólo a ser calificado sino a ser, de hecho, regresivo, políticamente ingenuo, ludita y antirracional. Esos son peligros reales (aunque reconozco que el riesgo de que me acusen de no estar en la Corriente Principal del Pensamiento Occidental es uno que asumo agradecida). ¿Qué tipo de utopía puede emerger de esas negaciones, de esos márgenes y oscuridades?[24]

23 Fritjof Capra, The Turning Point, Simon & Schuster, Nueva York, 1982; reproducido en *Science Digest*, Abril 1982, pág. 30 [Hay trad. esp.: *El punto crucial*, Ed. Pax, México, 1988.]

24 Mientras lidiaba con la redacción de este texto no había leído los cuatro volúmenes de *Daily Lives in Nghsi-Altai* (New Directions, Nueva York, 1977-1979) de Robert Nichols. Me alegro de que fuera así, porque de lo contrario mis ideas no habrían coincidido, chocado ni se habrían cruzado con las suyas de

¿Quién lo reconocería siquiera como una utopía? No tendría el aspecto que, se supone, debería tener. Podría parecerse a algún lugar que creó el Coyote después de mantener una conversación con sus propios excrementos.

El símbolo que encarna el *Trickster* no es estático.

Lo dice Paul Radin. Recordarán que la cualidad de una perfección estática es un elemento esencial de la inhabitabilidad de la utopía euclidiana (un punto que Bob Elliott aborda con gran convicción).

> El símbolo que encarna el *Trickster* no es estático. Contiene en su interior la promesa de diferenciación, la promesa de dios y de hombre. Por esa razón, cada generación se entretiene interpretando al *Trickster* de nuevo. Ninguna generación lo entiende del todo, pero tampoco ninguna puede pasar sin él... porque representa no sólo el pasado indiferenciado y remoto sino, del mismo modo, el presente indiferenciado dentro de cada individuo... Si nos reímos de él, él nos sonríe. Lo que le pasa a él nos pasa a nosotros.[25]

---

una manera tan libre e irreflexiva. Habría escrito el texto con la conciencia de la existencia de Nghsi-Altai, del mismo modo que el *Quijote* de Pierre Menard fue escrito con plena conciencia de la existencia del *Quijote* de Cervantes y podría haber sido aún más distinto de lo que es del original. Pero sí puede *leerse* (y espero que así se haga) con la conciencia de la existencia de Nghsi-Altai; y el hecho de que Nghsi-Altai es en algunos sentidos el lugar al que yo me estaba esforzando por llegar, y pese a ello, se encuentra en la dirección opuesta, sólo puede ampliar el uso y el significado de mi trabajo. Es más, si esta nota lleva a algunos lectores a buscar Nghsi-Altai por sí mismos, todos los esfuerzos habrán merecido la pena.

25 Paul Radin, *The Trickster*, Philosophical Library, Nueva York, 1956, pág. 168. [Nótese que las referencias de Le Guin a *tricksters* (granujas, pícaros, embaucadores) y *coyotes* proceden de la antropología y corresponden a lo que, simplificando, serían arquetipos folclóricos o mitológicos de las culturas antiguas o de los nativos de América del Norte. (*N. del T.*)]

Y nunca estuvo en el Edén porque los coyotes viven en Nuevo Mundo. Impulsado por el ángel con la espada flamígera. Adán y Eva alzan sus tristes cabezas y vieron al Coyote, sonriendo.

No-europea, no-euclidiana, no-masculinista: todas definiciones negativas, lo que está bien, pero cansa: y la última no es satisfactoria pues puede interpretarse que significa que la utopía que intento abordar sólo podría ser imaginada por mujeres —lo que es posible— o estar habitada exclusivamente por ellas, lo que es intolerable. Tal vez la palabra que necesito es yin.

La utopía ha sido yang. En un sentido u otro, desde Platón en adelante, la utopía ha sido el gran viaje en motocicleta del yang. Brillante, seco, claro, fuerte, firme, activo, agresivo, lineal, progresivo, creativo, expansivo, lanzado y caliente.

Nuestra civilización es ahora tan intensamente yang que cualquier posibilidad imaginativa de aliviar sus injusticias o eludir su tendencia autodestructiva debe implicar una inversión.

> Todos los seres crecen agitadamente,
> y yo contemplo su retorno.
> Cada uno vuelve a su raíz.
> Volver a su raíz es hallar el reposo.
> Reposar es volver a su destino.
> Volver a su destino es conocer la eternidad.
> Conocer la eternidad es ser iluminado.

Quien no conoce la eternidad
camina ciegamente a su desgracia.[26]

Para alcanzar la constante, la eternidad, tenemos que regresar, dar la vuelta, ir hacia el yin. ¿Cómo sería una utopía yin? Sería, oscura, húmeda, turbia, frágil, flexible, pasiva, participativa, circular, cíclica, pacífica, nutriente, en retirada, contractiva y fría.

En cuanto a la cuestión del frío y el calor, una referencia en *The Shape of Utopia* me llevó a una conferencia de 1960 de Lévi-Strauss, «Elogio de la antropología», que influyó en tan gran medida en pergeñar esta ponencia que me gustaría citarla con cierta largueza, disculpándome ante aquellos de ustedes que ya conozcan el fragmento.[27] En él está hablando de las sociedades «primitivas».

> Aunque dentro de la historia, estas sociedades parecen haber elaborado o conservado una sabiduría particular, que las incita a resistir desesperadamente toda modificación de su estructura que permitiría a la historia irrumpir en sus vidas. Las sociedades que mejor han protegido su carácter distintivo parecen ser aquellas inspiradas por la preocupación predominante de perseverar en su ser.

26 Lao-Tse, *Tao Te King*, Libro I, capítulo 16.

27 Claude Lévi-Strauss, *The Scope of Anthropology*, Jonathan Cape, Londres, 1968, págs. 46-47. Incluido también en *Structural Anthropology* II, Basic Books, Nueva York, 1976. La versión es una amalgama de las dos traducciones. [La versión en castellano que se recoge aquí reproduce parcialmente la traducción del texto (titulado «Elogio de...», no «El alcance de...») de la edición digital de Editorial Caldén, Buenos Aires, 1976, de Carlos Rafael Giordano.]

Persistir en su ser, en la propia existencia, es el rasgo particular del organismo; no es un progreso hacia algún logro, seguido por una estasis, que es el modo de funcionamiento de la máquina, sino un proceso interactivo, rítmico e inestable, que constituye un fin en sí mismo. La forma como explotan el medio les garantiza un nivel modesto de vida así como la conservación de los recursos naturales. Aunque diversas, sus normas de matrimonio revelan a la mirada del demógrafo un carácter común: mantener la tasa de fecundidad muy baja, y mantenerla constante. Por último, una vida política basada en el consentimiento, y que no admite más decisiones que las tomadas por unanimidad, que parecería concebida para impedir la posibilidad de recurrir a ese motor de la vida colectiva que se aprovecha del contraste entre poder y oposición, mayoría y minoría, explotador y explotado.

A partir de ahí, Lévi-Strauss está preparado para establecer su distinción entre las sociedades «calientes», que han aparecido a partir de la Revolución Neolítica y en las que las «diferencias entre castas y entre clases se imponen sin cesar para extraerles el cambio y la energía social», y las sociedades «frías», autolimitadas, cuya temperatura histórica se acerca notablemente al cero.

La importancia de este bello fragmento de pensamiento antropológico para el tema que estoy abordando queda inmediatamente patente en palabras del propio Lévi-Strauss que, en el párrafo siguiente, agradece a los cielos que no se espere de los antropólogos que prediguen el futuro del hombre, pero dice que si se esperara eso de ellos, en lugar de realizar extrapolaciones de nuestra propia sociedad «caliente», podrían proponer una integración progresiva de lo mejor de lo «cálido» con lo mejor de lo «frío».

Si le he entendido, esta unificación implicaría llevar la Revolución Industrial, que ya es la principal fuente de energía social, a su extremo lógico: la Revolución Electrónica completa. A partir de ahí, el cambio y el progreso serían estrictamente culturales y, por así decirlo, hechos por máquinas.

> Una vez la cultura hubiera asumido completamente la carga del proceso de manufacturación, la sociedad..., situada fuera y por encima de la historia, podría asumir una vez más esa estructura regular y, si se quiere, cristalina, que las sociedades primitivas supervivientes nos enseñan que no es antagónica con la condición humana.

La última frase, surgida de la mente austera y melancólica de Lévi-Strauss, resulta conmovedora.

Tal como yo lo entiendo, Lévi-Strauss sugiere que combinar el calor y el frío es transferir las formas de funcionamiento mecánicas a las máquinas mientras que se retienen las formas orgánicas en la humanidad. Procesos mecánicos; ritmo biológico. Una especie de tren yang electrónico de alta velocidad, en cuyos vagones restaurante y de primera la vida es serena y la rosa que hay sobre la mesa ni siquiera tiembla. Lo que me inquieta de este modelo es la dependencia de la cibernética como función integradora. ¿Quién ocupa el asiento del ingeniero? ¿Va como un piloto automático? ¿Quién escribió el programa... la vieja Razón Papinadie otra vez?[28] ¿Es uno de esos trenes desprovistos de frenos?

Puede que se trate tan sólo de la mala costumbre de mi forma de pensar, que ve en este breve vislumbre utópico una brillante actualización de un viejo tema de la ciencia ficción: el mundo en el que los robots hacen el trabajo mientras los seres humanos se tumban y juegan. Eran siempre obras satíricas. La norma era que, o bien un joven impulsivo rompía la maquinaria y salvaba a la humanidad del marasmo, o bien las máquinas, siguiendo una lógica implacable, acababan con las blandengues y superfluas personas. El primero y más elegante del grupo, «The Machine Stops» de E. M. Forster, termina con un típico doble acorde de terror y promesa: la maquinaria se viene abajo, la sociedad cristalina se resquebraja con ella, pero fuera hay gente libre, lo que no sabemos es hasta qué punto civilizada, pero en cualquier caso, fuera y libre.

Volvemos a la verruga en los muros del Edén de Kundera: los exiliados del paraíso en quienes radica la esperanza del mismo, los moradores del gulag que son las únicas almas libres. Los sistemas de información del tren son maravillosos, pero las vías recorren el país del Coyote.

28 Otra versión del Urizen de Blake en un breve poema, «To Nobodaddy». *(N. del T.)*

> En la antigüedad, el Emperador Amarillo utilizó primero la bondad y la honradez y jugueteó con las mentes de los hombres. Yao y Shun lo siguieron y trabajaron hasta que ya no les quedó vello en las espinillas... en el ejercicio de la bondad y la honradez pusieron a prueba su sangre y hasta su último aliento para establecer leyes y estándares. Pero pese a todo había quienes se resistían a su gobierno, y tuvo que exiliárseles, expulsárseles... El mundo codiciaba el conocimiento... había hachas y sierras para dar forma a las cosas, tinta y plomadas para recortarlas, mazas y gubias para hacerles agujeros, y el mundo, revuelto y desquiciado estaba sumido en una gran confusión.[29]

Ése es Chuang Tse [o Tzu o Zhuangzi], el primer gran *Trickster* (bufón, embaucador, loco, pícaro) de la filosofía, que le hace una pedorreta al Emperador Amarillo, modelo legendario del control racional. Las cosas también estaban calientes en la época de Chuang Tse, y él proponía un enfriamiento radical. La mejor comprensión, afirmaba, «se encuentra en lo que no puede comprenderse. Si no lo entiendes, entonces el Cielo, el Nivelador, te destruirá».[30]

29 *The Complete Works of Chuang Tzu*, trad. Burton Watson, Columbia University Press, Nueva York, 1968, pág. 116.

30 *Ibid.*, pág. 254. James Legge tradujo «Heaven the Equalizer» [Cielo, el Nivelador] como «the Lathe of Heaven» [«el torno del cielo»], una delicada expresión a la que yo he sacado mucho partido [una de sus novelas se titula así, *The Lathe of Heaven*, traducida al castellano como *La rueda celeste*, *N. del T.*], pero Joseph Meedham me ha señalado amablemente que en la época en que Chuang Tse escribía, los chinos todavía no habían inventado el torno. Afortunadamente ahora contamos con la plenamente satisfactoria traducción de Burton Wilson.

Tras copiar esta frase, la obedecí, dejando que mi comprensión se basara en lo que no podía ser comprendido, y recurrí al *I Ching*. Le pedí al libro que por favor me diera una descripción de una utopía yin. Me respondió con el Hexagrama 30, el trigrama doble del Fuego, con una única línea cambiada al principio llevándome al Hexagrama 56, el Vagabundo. La escritura del resto de esta ponencia y sus revisiones están influidas en buena medida por una cavilación continua sobre esos textos.

Si la utopía es un lugar que no existe, en ese caso probablemente (como diría Lao- Tse) el camino para llegar allí pasa por el camino que no es un camino. Y, en el mismo sentido, la naturaleza de la utopía que intento describir es tal que, de llegar a ser, es porque ya existe.

Yo creo que sí:[31] con gran claridad en obras utópicas profundamente insatisfactorias como *A Crystal World* de Hudson o *La isla*, de Aldous Huxley. De hecho, Bob Elliott acababa su libro sobre la utopía abordando *La isla*. «El extraordinario logro» de Huxley, dice, «es haber conseguido que el viejo objetivo utópico —el objetivo humano esencial— fuera pensable una vez más».[32] Esas son las últimas palabras del libro. Es muy propio de Bob que no se trate de un cierre sino de la apertura de una nueva puerta.

El principal elemento utópico de mi novela *Los desposeídos* es una versión de un anarquismo pacifista, que

31 En Nghsi-Altai, en parte.
32 Elliott, pág. 153.

es lo más yin que puede llegar a ser una ideología política. El anarquismo rechaza la identificación de la civilización con el Estado, así como la identificación del poder con la coerción; contra la violencia inherente de la sociedad «caliente», afirma el valor de un comportamiento tan antisocial como la negativa general de las mujeres a llevar armas en la guerra; y otras estratagemas propias del coyote. En esos ámbitos, el anarquismo y el taoísmo convergen tanto en contenido como en forma, y hasta ahí llegué para jugar mis juegos de ficción. La estructura del libro puede que parezca sugerir la recurrencia rítmica y el equilibrio en movimiento del Tai Chi, pero asoma su exceso de yang: aunque la utopía fue fundada (tanto en la realidad como en la ficción) por una mujer, el protagonista es un hombre, y, debo añadir, él domina en ella con un estilo muy masculino. Por mucho cariño que le tenga no voy a dejarle hablar aquí. Prefiero escuchar una voz distinta. La de Lord Dorn, dirigiéndose al Consejo de su país, el 16 de junio de 1906. No nos habla a nosotros, sino de nosotros.

> Con ellos el hijo y el padre son de civilizaciones diferentes y unos extraños entre sí. Se mueven demasiado rápido para ver más que el resplandor de la superficie de una vida demasiado apresurada para ser real. Se ven desbordados por demasiadas cosas nuevas para que nunca les dé tiempo a encontrar las profundidades de las viejas antes de que hayan desaparecido. A la precipitación de la vida pasada la denominan progreso, aunque es demasiado veloz para

que ellos puedan avanzar a su ritmo. El hombre permanece igual, desconcertado y pasmado, con un montón de cosas nuevas a su alrededor pero que desaparecen antes de que llegue a conocerlas. Los hombres pueden vivir muchos tipos de vida, y a eso lo denominan «oportunidad» y creen que la oportunidad es buena de por sí, sin examinar nunca ninguna de esas vidas para saber si merece la pena. Nosotros tenemos menos formas de vida y la mayoría no llegamos a conocer más que una. Es una forma rica de vivir, y todavía no hemos agotado su riqueza... No podemos culparlos por no ver nada bueno en nosotros que ellos destruirían. Lo bueno que nosotros tenemos, ellos no lo entienden, o ni siquiera lo ven.[33]

Bien, ese discurso podría haber sido pronunciado en el Consejo de cualquier nación o pueblo no occidental en el momento de su encuentro con europeos en gran cantidad. Podría ser un kikuyo o un japonés —y sin duda el autor estaba pensando en la decisión de Japón de occidentalizarse—, y resulta casi dolorosamente cercano a los comentarios de Alce Negro, Oso Erguido, Muchos Golpes y otros portavoces de los nativos de América del Norte.

Islandia no es una sociedad caliente sino templada; tiene una jerarquía de clase definida aunque flexible, y ha adoptado algunos elementos de la tecnología industrial, ciertamente; sin duda, tiene su historia —y es cons-

33 Austin Tappan Wright, *Islandia*, Alfred A. Knopf, Nueva York, 1942, pág. 490. [Conviene no confundir el mundo utópico de Wright, *Islandia*, con el país homógrafo en castellano que, en inglés, es *Iceland. (N. del T.)*]

ciente de ella—, aunque todavía no ha entrado en la historia del mundo, sobre todo porque, como California, geográficamente ocupa un lugar marginal y remoto. En este debate crucial en el Consejo de Islandia, el eje de la trama y de la estructura del libro, se opta intencionadamente por no ser más caliente, por rechazar el concepto de progreso como una dirección errónea, y por aceptar el esfuerzo de perseverar en la propia existencia como un fin social perfectamente digno.

¿En cuántas utopías más se propone, argumenta y se opta racionalmente por esa vía?

Es muy fácil desechar Islandia como una mera fantasía de la Edad Dorada, ingenuamente escapista o regresiva. Creo que es un error hacerlo así, y que las opciones que ofrece tal vez son más realistas y más necesarias que las de la mayoría de las utopías.

De nuevo Lévi-Strauss, esta vez hablando de virus:

> La realidad de un virus es de un orden casi intelectual. En efecto, su organismo se reduce prácticamente a la fórmula genética que inyecta en seres simples o complejos, obligando así a sus células a traicionar su fórmula característica para obedecer la de virus y fabricar seres como él.
>
> Para que aparezca nuestra civilización, era necesaria la existencia previa y simultánea de otras civilizaciones. Y sabemos, desde Descartes, que su originalidad consiste esencialmente en un método que, dada su naturaleza intelectual, no es apropiado para generar otras civilizaciones de carne y hueso, sino sólo una que imponga su fórmula a

las demás y las obligue a ser como ella. En comparación con estas civilizaciones —cuyo arte vivo expresa su cualidad física porque se relaciona con creencias muy intensas y, en su concepción tanto como en su ejecución, con cierto estado de equilibrio entre el hombre y la naturaleza—, ¿nuestra propia civilización corresponde a un tipo viral o a un tipo animal?[34]

Ése es el virus que Lord Dorn veía transmitido por el más inocente turista de Europa o Estados Unidos: una plaga contra la que su pueblo no tenía ninguna defensa, no era inmune. ¿Se equivocaba?

Cualquier pequeña sociedad que intentara tomar la misma decisión que Lord Dorn ha sido, en realidad, infectada por la fuerza; y las grandes y multitudinarias civilizaciones —Japón, India y ahora China— o bien han optado por infectarse con la fiebre viral o bien no han podido decidir nada por sí mismas, y con mucha frecuencia han mezclado los rasgos más explotadores del mundo caliente con los más pasivos del frío de un modo que poco menos que garantiza la imposibilidad de que perseveren en su propia existencia y de permitir que la naturaleza local continúe saludable. He querido hablar de *Islandia* porque no conozco ninguna otra obra utópica que tenga como preocupación intelectual central la cuestión de la «occidentalización» o

34 Lévi Strauss, «Art in 1985», en *Structural Anthropology* II, pág. 283. [Hay trad. esp.: «El arte en 1985», en *Antropología estructural: mito, sociedad, humanidades*, Siglo XXI, 1979. *(N. del T.)*]

el «progreso», que es, tal vez, el hecho central de nuestra época. Por descontado, el libro no ofrece una respuesta o solución. Simplemente señala el camino que no puede tomarse. Es una enantiodromía, un *reculer pour mieux sauter*, el retroceder de un puercoespín para esconderse en la grieta. El libro aborda el tema lateralmente. Es muy probable que esa sea la razón por la que no suele leerse en los cursos especializados en literatura utópica. Pero los viajes por los márgenes y los cambios de rumbo son precisamente lo que las mentes que siempre van hacia delante más necesitan, y en su propia cualidad de renunciar a «el tiempo futuro», de mantenerse a un lado —y de haber sido dejado de lado—, *Islandia* es, sugeriría, un libro valioso además de entrañable.

Hasta cierto punto también es un libro ludita; y ahora me veo obligada a preguntar: ¿es nuestra tecnología avanzada la que da a nuestra civilización su impulso mecánico hacia delante, invasivo y autorreplicante? En sí misma, la tecnología es «infecciosa» en igual medida que lo son otros elementos útiles o impresionantes de la cultura: las ideas, las instituciones, hasta las modas, pueden ser autorreplicantes y cautivadoramente imitables. A todas luces, la tecnología es un elemento esencial de todas las culturas y, con mucha frecuencia, en forma de fragmentos de vasijas y trozos de poliestireno, es todo lo que dejan tras de sí con el tiempo. Diría que se trata de algo demasiado básico a todas las civilizaciones para caracterizarla en sí misma como yin o yang. Pero, en este momento, aquí y ahora, el carácter progresivo continuo de nuestra tecnología, y el cambio continuo que depende de ella —la «manufactura del progreso», como la llamaba Lévi-Strauss— es el principal vehículo del yang, o «cualidad de caliente», de nuestra sociedad.

Al fin y al cabo, uno no tiene por qué destrozar su máquina de escribir ni poner una bomba en la lavandería aunque haya perdido su fe en el avance continuo de la tecnología como vía hacia la utopía. La tecnología permanece, en sí misma, como un infinito recurso creativo. Sólo desearía coincidir con Lévi-Strauss cuando considera que la tecnología lleva desde la civilización que transforma a los hombres en máquinas a «la civilización que transformará las máquinas en hombres».[35] Pero no puedo. No veo cómo ni siquiera las tecnologías más etéreas, las que prometen la electrónica y la teoría de la información, pueden ofrecer algo más que la promesa de la más simple de las herramientas: hacer que la vida resulte más fácil materialmente, enriquecernos. ¡Eso ya es una gran promesa y un gran logro! Pero si este enriquecimiento de un tipo de civilización se da sólo si se paga el precio de la destrucción del planeta, entonces me parece meridianamente claro que contar con el avance tecnológico para *cualquier otra cosa* que no sea el avance tecnológico es un error. No se me ha mostrado de una forma convincente, y parezco totalmente incapaz de imaginarlo por mí misma, cómo cualquier nuevo avance tecnológico de cualquier tipo nos acercará lo

35 Lévi-Strauss, *Scope of Anthropology*, pág. 49 [*Elogio...*]

más mínimo a ser una sociedad predominantemente preocupada con preservar su existencia, una sociedad con un nivel de vida modesto, que conserve los recursos naturales, con una tasa de fecundidad constante baja y una vida política basada en el acuerdo; una sociedad que ha conseguido adaptarse a su entorno y ha aprendido a vivir sin destruirse a sí misma o a sus vecinos. Pero esa es la sociedad que yo quiero poder imaginar, que debo ser capaz de imaginar, porque uno no sigue adelante sin esperanza.

¿Qué se nos ofrece a modo de esperanza? Modelos, planes, proyectos, esquemas de circuitos eléctricos. Posibilidades futuras de sistemas de comunicación aún más inclusivos que enlazan unos virus con otros a lo largo y ancho del planeta: nada de secretos, como dice Kundera. Pequeños tubos de ensayo cerrados y orbitando llenos de virus, desplegados por la Sociedad L-5,[36] en perfecto ejercicio de obediencia a nuestra compulsión a, como dicen, «construir el futuro», a ser Zeus, a tener poder sobre lo que pasa, a controlar. El conocimiento es poder, y queremos saber qué viene a continuación, lo queremos todo cartografiado y planeado.

El país de Coyote no ha sido cartografiado. El camino que no puede recorrerse no está en el mapa de carreteras o es todas las carreteras del mapa.

En el *Handbook of the Indians of California*, A. L. Kroeber escribió: «Los indios de California... tienden a negarse en

36 Peculiar organización científica que promovía la colonización espacial. [*N. del T.*]

redondo siquiera a intentarlo [dibujar un mapa], aduciendo su completa incapacidad.»[37]

La utopía euclidiana está cartografiada; está organizada geométricamente, con las partes marcadas *a, a', b*: un diagrama o modelo que los ingenieros sociales pueden seguir y reproducir. Reproducción, la consigna viral.

En el *Handbook*, al tratar el denominado Culto Kuksu o Sociedad Kuksu —un conjunto de rituales y prácticas que se dan entre los pueblos yuki, los pomo, los maidu, los wintu, los miwok, los contanoan y los esselenos de la California Central—, Kroeber comentaba que nuestro uso de los términos «el culto» o «una sociedad», nuestra percepción de una entidad general o abstracta, Kuksu, desvirtúa la percepción nativa:

> Las únicas sociedades eran las de la unidad que conformaba la aldea. No había ramas, porque no había un tallo central, no había matriz. Nuestro método, en esas situaciones, religiosas o no, es constituir un cuerpo superior o central. Desde los tiempos del Imperio romano y la Iglesia cristiana, nos cuesta concebir cualquier actividad social a no ser que esté organizada con coherencia en una unidad definida y claramente subdividida.
>
> Pero debe reconocerse que esa tendencia no es un rasgo inherente ni ineludible de toda civilización. Si nosotros podemos pensar socialmente sólo en términos de una

37 Alfred L. Kroeber, *Handbook of the Indians of California*, Smithsonian Institution, *Bureau of American Ethnology Bulletin,* núm. 78, Washington D.C., 1925, pág. 344.

máquina organizada, los nativos de California eran igual de incapaces de pensar en esos términos.

Cuando recordamos con qué escasa maquinaria y con qué rudimentaria organización salió adelante toda la civilización griega, es fácilmente inteligible que los... californianos pudieran prescindir de casi todos los esfuerzos encaminados en esa dirección, que a nosotros nos parecen vitales.[38]

Copérnico nos explicó que la tierra no estaba en el centro. Darwin nos explicó que el hombre no era el centro. Si escucháramos a los antropólogos les oiríamos diciéndonos, con la oportuna sutileza, que el Occidente Blanco no es el centro. El centro del mundo es un risco en el río Klamath, en una roca en La Meca, en un agujero en el suelo en Grecia, en ningún sitio, con su circunferencia por todas partes.

Tal vez el utopista debiera prestar atención por fin a este dato turbador. Tal vez el utopista haría bien en perder el plan, deshacerse del mapa, bajarse de la motocicleta, ponerse un sombrero muy raro, ladrar tres veces muy alto y partir al trote, delgado, amarillento y sucio por el desierto y trepar a los pinos grises.

No creo que volvamos a llegar a la utopía avanzando, sino con un rodeo o lateralmente; porque nos encontramos ante un dilema racional, una situación de disyunción exclusiva tal como la percibe la mentalidad informática binaria, pero «o lo uno o lo otro» no es un lugar

38 *Ibid.*, pág. 374.

donde la gente pueda vivir. Cada vez con más frecuencia en estos tiempos crecientemente difíciles, gente que respeto y admiro me pregunta: «¿Vas a escribir libros sobre la miseria y la injusticia espantosas de nuestro mundo o vas a escribir fantasías escapistas y consoladoras?» Algunos me apremian a hacer una cosa; otros, la otra. Se me ofrece la elección del Gran Inquisidor. ¿Elegirás libertad sin felicidad o felicidad sin libertad? La única respuesta que puede darse, creo: No.

Vuelta atrás de nuevo. *Usà puyew usu wapiw!*

> Si la palabra [utopía] ha de redimirse, lo tendrá que hacer alguien que haya seguido la utopía al abismo que se abre detrás de la visión del Gran Inquisidor, y que luego haya salido trepando a gatas por la otra vertiente.[39]

A mí me suena a Coyote. Cae dentro de cosas, trampas, abismos y luego sale trepando como puede, sonriendo como un tonto. ¿Es posible que ya no nos estemos enfrentando de hecho al Gran Inquisidor? ¿Podría ser la Figura Paterna la que hemos colocado delante? ¿Es posible que dándonos la vuelta podamos ponerlo detrás de nosotros, dejarlo mirando como el Rey de Reyes Ozymandias al otro lado de los campos de exterminio, los gulags, la Tierra Baldía, el reino inhabitable de Zeus, la opción binaria, el país de la visión única donde uno debe elegir entre felicidad y libertad?

39 Elliott, pág. 100.

De ser así, es que nos encontramos en el abismo a sus espaldas. No fuera de él. Un apuro típico del Coyote. Nos hemos metido en un lío verdaderamente espantoso y tenemos que salir de él; y tenemos que asegurarnos de que salimos por la otra vertiente; y cuando hayamos salido, habremos cambiado.

No tengo ni idea de quién será ni de cómo podría ser el otro lado, aunque creo que allí hay gente. Siempre han vivido allí. Hay canciones allí, una de ellas se titula *Dancing at the edge of the world*. Si nosotros, al trepar para salir del abismo, les hacemos preguntas, ellos no dibujarán mapas, aduciendo su absoluta incapacidad, pero puede que sí nos señalen algo. Uno de ellos podría señalar hacia Arlington, Texas. Vivo allí, dice ella. ¡Ya veréis lo hermoso que es!

¡Este es el Nuevo Mundo!, gritaremos, desconcertados pero encantados. ¡Hemos descubierto el Nuevo Mundo!

Oh, no, dirá el Coyote. No, este es el viejo mundo. El que yo hice.

¡Lo hiciste para nosotros!, gritaremos, asombrados y agradecidos.

Yo no me atrevería a decir tanto, dice el Coyote.

Utopiyin, Utopiyang

Estos son algunos pensamientos sobre la utopía y la distopía.

Los rústicos Buenos Lugares de toda la vida eran ilusiones reparadoras en las que uno controlaba lo que no podía controlarse y poseía lo que no se tenía aquí y ahora: un cielo pacífico y ordenado, un paraíso de huríes, una entelequia. La forma de llegar a ellos estaba clara, pero era drástica: uno se moría.

Utopía, el constructo intelectual y secular de Tomás Moro, era todavía una expresión del deseo de algo de lo que se carecía aquí y ahora: el control humano racional de nuestra vida; pero este Buen Lugar era, explícitamente, un No Lugar. Sólo existía en la cabeza. Un proyecto arquitectónico, pero sin solar en el que levantar el edificio.

Desde entonces, la utopía se ha ubicado no sólo en la otra vida, en el más allá, sino también fuera del mapa, al otro lado del océano, en la otra vertiente de las montañas, en el futuro, en otro planeta, en otro sitio habitable pero inalcanzable.

Desde Utopía, todas las utopías han sido también, explícita o misteriosamente, de hecho o en potencia, según el criterio del autor o el de los lectores, tanto un buen lugar como un lugar de pesadilla. Cada utopía contiene una distopía, cada distopía contiene una eutopía.

En el símbolo del Yang-Yin, cada mitad contiene en su interior una porción de la otra, para señalar su completa interdependencia e intermutabilidad continua. La figura es estática, pero cada mitad contiene la semilla de la transformación. El símbolo representa no una estasis, una parálisis, sino un proceso.

Podría resultar útil pensar en la utopía en términos de este antiguo símbolo chino, especialmente si uno está dispuesto a renunciar a la habitual asunción masculinista de que el yang es superior al yin, y considerar la interdependencia e intermutabilidad de ambos como el rasgo esencial del símbolo.

El Yang es masculino, brillante, seco, duro, activo, penetrante. El Yin es femenino, oscuro, húmedo, fluido, receptivo, absorbente. El Yang es control; el Yin, aceptación. Son fuerzas inmensas y equiparables; ninguna de ellas existe por sí sola, y cada una está siempre en vías de convertirse en la otra.

Tanto la utopía como la distopía suelen ser un enclave sometido a un máximo control rodeado por tierras salvajes o vírgenes, como en *Erewhon* de Butler, «The Machine Stops» [«La máquina se detiene»] de E. M. Foster y *Nosotros* de Yevgueni Zamiatin. Los buenos ciudadanos de utopía consideran las tierras vírgenes y salvajes unos lugares peligrosos, hostiles, inhabitables; para un distópico aventurero o rebelde representan el cambio y la libertad. Ahí encuentro ejemplos de la intermutabilidad del Yang y el Yin: la oscura y misteriosa tierra virgen que rodea un lugar luminoso y seguro, los Malos Lugares, que entonces se convierten en el Buen Lugar, el futuro brillante y abierto que rodea una prisión cerrada y oscura... O viceversa.

Durante el último medio siglo este modelo se ha repetido casi hasta la saciedad, las variaciones sobre el tema han sido cada vez más previsibles, o simplemente arbitrarias.

Unas notables excepciones al modelo son *Un mundo feliz* de Huxley, una eudistopía en la que lo salvaje ha quedado reducido a un enclave tan dominado y rigurosamente controlado por el mundo-estado Yang que cualquier esperanza de que ofrezca libertad o cambio es ilusoria, y *1984* de Orwell, una distopía pura en la que el elemento yin ha sido totalmente eliminado por el yang, y asoma sólo en la obediencia receptiva de las masas controladas y como falsas ilusiones manipuladas de vida salvaje y libertad.

Yang, el dominador, siempre intenta rechazar su dependencia del yin. Huxley y Orwell presentan inflexiblemente el resultado de la exitosa negación. Mediante el control ideológico y político, estas distopías han alcanzado una estasis no-dinámica que no permite ningún cambio. El equilibrio es inamovible: un lado arriba; el otro, abajo. Todo es yang para siempre.

¿Dónde está la distopía yin? ¿Se encuentra acaso en los relatos del post-holocausto y la ficción de terror con sus hordas de zombis, en las visiones de colapso social, de pérdida total del control, de caos y noche eterna cada vez más populares?

El yang percibe al yin sólo como negativo, inferior, malo, y al yang siempre se le ha dado la última palabra. Pero no hay última palabra.

En este momento, parece que sólo escribimos distopías. Tal vez, para ser capaces de escribir una utopía necesitemos pensar *yinmente*. Yo intenté escribir una en *El eterno regreso a casa*. ¿Lo conseguí?

¿Es una utopía yin una contradicción en términos, dado que todas las utopías conocidas se basan en el control para funcionar y el yin no controla? Pese a todo, es un gran poder. ¿Cómo funciona?

Sólo puedo hacer conjeturas. Mi hipótesis es que el tipo de pensamiento con el que, por fin, empezamos a abordar cómo cambiar nuestros fines, los de la dominación humana y el crecimiento ilimitado, por los de la adaptabilidad de la especie y la supervivencia a largo plazo, supone un desplazamiento del yang al yin, y en ese sentido implica aceptación de la transitoriedad y la imperfección, paciencia con la incertidumbre y la improvisación, amistad con el agua, la oscuridad y la tierra.

Una guerra sin fin

Algunos pensamientos, anotados a intervalos,
sobre la opresión, la revolución y la imaginación.

Esclavitud

Mi país se formó en una revolución y casi se rompió en otra.

La primera revolución fue una protesta contra una explotación económica y social irritante, estúpida, pero relativamente leve. Resultó casi excepcionalmente exitosa.

Muchos de los que hicieron la primera revolución ejercían la forma más radical de explotación económica y opresión social: eran dueños de esclavos.

La segunda revolución americana, la guerra de Secesión o guerra civil, fue una tentativa de preservar la esclavitud. Fue parcialmente exitosa. Se abolió la institución, pero la mentalidad del amo y la mentalidad del esclavo pervivieron en gran parte de los pensamientos de América.

Resistencia a la opresión

Phillis Wheatley, poeta y manumisa, escribió en 1774: «En el Seno de todos los seres humanos, Dios ha implantado un principio, que llamamos Amor a la Libertad; se impacienta con la Opresión y anhela jadeante la Liberación.»

No cuestionaría la verdad de la afirmación más de lo que cuestionaría que el sol brilla. Todo lo que tienen de bueno las instituciones y la política de mi país se basa en ella.

Pese a todo, creo que, aunque amamos la libertad, somos muy pacientes con la opresión, e incluso rechazamos la liberación.

Veo un peligro en insistir que nuestro amor a la libertad siempre supera a las fuerzas o la inercia, sean cuales sean, que nos impiden resistir a la opresión y buscar la liberación.

Si niego que personas fuertes, inteligentes y capaces puedan aceptar la opresión, y de hecho la acepten, estoy identificando a los oprimidos como débiles, estúpidos e incapaces.

Si fuera verdad que las personas superiores se niegan a ser tratadas como inferiores, se seguiría que aquellos que ocupan lugares bajos en el orden social son de hecho inferiores, dado que, si fueran superiores, se quejarían; dado que aceptan una posición inferior, son inferiores. Es la argumentación tautológica y cómoda del dueño de esclavos, del reaccionario social, del racista y del misógino.

Es una argumentación que todavía emponzoña la reflexión sobre el holocausto hitleriano: ¿por qué los judíos «se subieron a los trenes», por qué no se resistieron? Una pregunta que —así formulada— carece de respuesta y por eso pueden utilizarla los antisemitas para insinuar la inferioridad de los judíos.

Pero el argumento también atrae al idealista. Muchos americanos progresistas y también conservadores humanistas mantienen la convicción de que todos los pueblos oprimidos sufren intolerablemente la opresión, así que deben estar dispuestos e impacientes por rebelarse, y de que son moralmente débiles, que están moralmente equivocados, si no se rebelan.

Yo considero categóricamente equivocada a cualquier persona que se crea superior racial o socialmente a otra o que imponga un estatus de inferioridad a otro ser humano. Pero otra cosa es realizar un juicio categórico contra la gente que acepta la condición de inferioridad. Si digo que están equivocados, que la moral exige que se rebelen, estoy obligada a considerar qué opción real tienen, si actúan por ignorancia o por convicción, si tienen la menor oportunidad para disminuir su ignorancia o cambiar sus convicciones. Y, tras haberlo considerado, ¿quién soy yo para decir que son culpables? ¿Son ellos, y no los opresores, quienes hacen el mal?

La clase gobernante siempre es pequeña, las categorías más bajas son más numerosas, incluso en una sociedad de castas. Los pobres siempre son muchos más que los ricos. Los poderosos son menos que aquellos a los que dominan. Los hombres adultos ostentan una categoría superior en casi todas las sociedades, aunque siempre son menos que las mujeres y los niños. Los gobiernos y las religiones sancionan y defienden la desigualdad, la jerarquía social, la de género, y los privilegios integral o selectivamente.

La mayoría de la gente, en la mayoría de los lugares, casi todo el tiempo, pertenece a un estatus inferior.

Y la mayoría, incluso a día de hoy, incluso en el «mundo libre», incluso en el «hogar de los valientes», considera que esta situación —o ciertos elementos de la misma— es natural, necesaria e inalterable. Cree que es como siempre ha sido y, por tanto, como debe ser. Puede ser por convicción o puede ser por ignorancia; con frecuencia, por ambas. A lo largo de los siglos, la mayoría de la gente de estatus inferior no ha tenido forma de saber que ha existido o podido existir siquiera otra manera de organizar la sociedad: que el cambio es posible. Sólo aquellos de estatus superior han poseído los conocimientos para saberlo; y serían su poder y privilegios los que correrían peligro si se cambiara el orden de las cosas.

No podemos confiar en la historia como guía moral en estas cuestiones porque la historia la escriben las clases altas, los cultos, los que ostentan el poder. Pero nosotros sólo disponemos de la historia, y de la observación de los hechos actuales. Y con esos datos podemos decir que la revuelta y la rebelión son raras, y la revolución más rara aún. En la mayoría de los casos, en la mayoría de los lugares, la mayoría de las mujeres, esclavos, siervos, castas inferiores, parias, campesinos, obreros, la mayoría de la gente definida como inferior —es decir la mayoría de la gente a secas— no se ha rebelado contra el desprecio y la explotación. Se resisten, sí; pero su resistencia posiblemente sea pasiva, o tan alambicada, tan parte integral del comportamiento cotidiano, como para resultar casi invisible.

Cuando se registran las voces de los oprimidos y de las clases bajas, algunas manifiestan peticiones de justicia, pero la mayoría son expresiones de patriotismo, vítores al rey, juramentos para defender la madre patria, muestras de lealtad al sistema que las priva de derechos y a la gente que se beneficia de ello.

No habría existido esclavitud en todo el mundo si los esclavos se hubieran rebelado con frecuencia contra sus amos. La mayoría de los dueños de esclavos no es asesinada. Es obedecida.

Los trabajadores ven cómo los ejecutivos de sus empresas cobran su salario multiplicado por trescientos, y gruñen, pero no hacen nada.

En casi todas las sociedades, las mujeres apoyan las afirmaciones y las instituciones de la supremacía masculina, sometiéndose a los hombres, obedeciéndoles (abiertamente), y defienden la superioridad innata de los hombres como un hecho natural o un dogma religioso.

Los varones de clases bajas —jóvenes, pobres— luchan y mueren por el sistema que los mantiene subyugados. La mayoría de los incontables soldados muertos en las incontables guerras libradas para mantener en el poder a los gobernantes de la sociedad o de la religión han sido considerados inferiores por esa sociedad.

«No tienes nada que perder, salvo tus cadenas», y aun así preferimos besarlas.

¿Las sociedades humanas son edificaciones ineludiblemente piramidales, con el poder concentrado en la cumbre? ¿Una jerarquía de poder es un imperativo biológico que la sociedad humana está condenada a reproducir? Sin duda, la cuestión siempre está mal formulada y por tanto es imposible de contestar, pero se sigue planteando y respondiendo, y aquellos que responden tienden a decir que sí.

Si existe tal imperativo biológico e innato, ¿es igualmente imperativo en ambos sexos? No disponemos de pruebas incontrovertibles de una diferencia innata en el comportamiento social según el género. Los esencialistas de ambos bandos de la discusión mantienen que los hombres están dispuestos de manera innata a establecer una jerarquía de poder mientras que las mujeres, aunque no crean esas estructuras, las aceptan o las imitan. Según los esencialistas, es inevitable que se imponga el programa masculino, y deberíamos esperar a encontrar la cadena de mando —los «superiores» mandando a «los inferiores», con el poder concentrado en unos pocos— como un modelo casi universal de la sociedad humana.

La antropología proporciona algunas excepciones a esta supuesta universalidad. Los etnólogos han descrito sociedades que no tienen cadena de mando fijada; en ellas, el poder, en lugar de estar engastado en un rígido sistema de desigualdad, es fluido, se comparte de manera diferente en situaciones distintas, funciona con mecanismos de control y equilibrio que tienden siempre al consenso. Han descrito sociedades en las que un género no es superior al otro, aunque siempre hay alguna división del trabajo por géneros, y las actividades masculinas son las que probablemente sean celebradas.

Pero todas esas sociedades que mencionamos pertenecen a las que describimos como «primitivas», tautológicamente, dado que ya hemos establecido una previa jerarquía de valores: primitivo = inferior = débil; civilizado = superior = poderoso.

Muchas sociedades «primitivas» y todas las «civilizadas» están rígidamente estratificadas, con gran parte del poder asignado a unos pocos y muy poco o ningún poder para la mayoría. ¿Es, de hecho, la perpetuación de las instituciones que garantizan la desigualdad social el motor que impulsa la civilización, como sugiere Lévi-Strauss?

La gente que tiene el poder está mejor alimentada, mejor armada y mejor educada y por tanto está más capacitada para mantener el estado de las cosas, pero ¿basta eso para explicar la ubicuidad y permanencia de la desigualdad social extrema? Ciertamente, el hecho de que los hombres sean un poco más corpulentos y más musculosos (aunque de algún modo menos duraderos) que las mujeres no basta para explicar la ubicuidad de la desigualdad de género y su perpetuación en sociedades en las que el tamaño y la masa muscular no importan demasiado.

Si los seres humanos odiasen tanto la injusticia y la desigualdad como decimos y pensamos que lo hacemos,

¿habría durado alguno de los Grandes Imperios y Civilizaciones Superiores más de un cuarto de hora?

Si nosotros, los americanos, detestáramos la injusticia y la desigualdad tan apasionadamente como decimos, ¿pasaría hambre algún habitante de nuestro país?

Exigimos un espíritu rebelde a aquellos que no tienen la oportunidad de aprender que la rebelión es posible, pero nosotros, los privilegiados, permanecemos inmóviles y nos tapamos los ojos para no ver ningún mal.

Tenemos buenos motivos para ser cautelosos, para andarnos con cuidado, para no zarandear el barco. En juego está buena parte de nuestra tranquilidad y comodidades. El cambio mental y moral que lleva de la negativa a ver la injusticia a la conciencia de la misma se realiza a menudo pagando un alto precio. Mi satisfacción, estabilidad, seguridad y afectos personales pueden acabar sacrificados al sueño del bien común, a la idea de una libertad que quizás no viva para compartirla, un ideal de justicia que tal vez nadie alcance jamás.

Las últimas palabras del *Majabhárata* son: «De ningún mundo puedo conseguir un objetivo que quede fuera de mi alcance.» Es probable que la justicia, una idea humana, sea un objetivo que quede fuera del alcance humano. Se nos da bien inventar cosas que no pueden existir.

Tal vez la libertad no pueda alcanzarse a través de instituciones humanas sino que deba seguir siendo una cualidad de la mente y del espíritu que no dependa de las circunstancias, un don de la gracia. Esa (si la entiendo bien) es la definición que da la religión de libertad. Mi problema con ella es que su devaluación del trabajo y de las circunstancias concretas fomenta las injusticias institucionales que hacen que el don de la gracia resulte inaccesible. A un niño de dos años que muere de hambre o de una paliza o en un bombardeo no se le ha garantizado el acceso a la libertad, ni a ningún don de la gracia, en ningún sentido de esas palabras hasta donde las entiendo.

Mediante nuestros esfuerzos podemos alcanzar una justicia imperfecta, una libertad limitada. Mejor que nada. Aferrémonos a ese principio, el amor a la Libertad, del que habla el esclavo liberado, el poeta.

El territorio de la esperanza

El paso de la negativa a ver la injusticia al reconocimiento de la misma no puede quedar pendiente.

Lo que sus ojos han visto, lo han visto. Una vez ha visto la injusticia, ya no puede negar de buena fe la existencia de la opresión y defender al opresor. Lo que era lealtad ahora es traición. Desde este momento, si no se resiste, otorga.

Pero hay un territorio intermedio entre la defensa y el ataque, un terreno de resistencia flexible, un espacio abierto al cambio. No es un lugar fácil de encontrar ni de habitar. Los mediadores que intentan llegar allí han acabado hundiéndose intencionadamente, aterrados ante Múnich.

Incluso si llegan al punto medio, puede que no lo agradezcan. El tío Tom de Harriet Beecher Stowe es un esclavo que, por su valeroso empeño en convencer a su dueño para que cambie de convicciones y su firme negativa a azotar a otros esclavos, es asesinado a golpes. Y seguimos utilizándolo como símbolo de una capitulación y un servilismo rastreros.

Al admirar el desafío heroicamente inútil, desdeñamos la resistencia paciente.

Pero el terreno de la negociación, donde la paciencia produce el cambio, es el que ocupaba Gandhi. Lincoln llegó allí, con gran esfuerzo. El obispo Tutu, tras haber habitado en él durante años con singular honor, vio que su país se movía, por más que con torpeza y vacilaciones, hacia el terreno de la esperanza.

Las herramientas del amo

Audre Lorde decía que no puede desmantelarse la casa del amo con las herramientas del amo. Reflexiono sobre esa potente metáfora, intentando comprenderla.

Los radicales, los progresistas, los conservadores y los reaccionarios creen que la educación en el conocimiento de los amos conduce *inevitablemente* a la conciencia de la opresión y la explotación y, en consecuencia, al deseo subversivo de igualdad y justicia. Los progresistas apoyan —y los reaccionarios se oponen— la educación gratuita y universal, las escuelas públicas, la discusión sin censura en las universidades, pero ambos bandos lo hacen por exactamente la misma razón.

La metáfora de Lorde parece apuntar que la educación apenas cuenta para el cambio social. Si nada de lo que utiliza el amo puede ser de utilidad para el esclavo, entonces ha de abandonarse la educación basada en los conocimientos de los amos. Y por eso, una clase inferior debe reinventar por entero la sociedad, conseguir un nuevo conocimiento, para alcanzar la justicia. Si no lo hace así, la revolución fracasará.

Es plausible. Las revoluciones suelen fracasar. Pero yo creo que su fracaso empieza cuando la tentativa de reconstruir la casa de forma que todos puedan vivir en ella se transforma en una tentativa de apoderarse de todas las sierras y martillos, de hacerse fuerte en el taller del Viejo Amo y mantener a los demás fuera. El poder no sólo corrompe, crea adicción. El trabajo se convierte en destrucción. No se construye nada.

Las sociedades cambian con y sin violencia. La reinvención es posible. La construcción es posible. ¿De qué otras herramientas disponemos para construir, aparte de martillos, clavos y sierras, de la educación, del aprendizaje de habilidades, de formas de pensar?

¿Seguro que hay herramientas que no han sido inventadas, que debemos inventar para construir la casa que queremos que habiten nuestros hijos? ¿Podemos partir de lo que ya sabemos o acaso lo que sabemos ahora nos impide aprender lo que de verdad necesitamos saber? Para aprender lo que la gente de color, o las mujeres, o los pobres, tienen que enseñar, aprender el conocimiento que necesitamos, ¿debemos desaprender todo el conocimiento de los blancos, de los hombres, de los poderosos? Junto con el sacerdocio y la falocracia, ¿debemos desprendernos de la ciencia y la democracia? ¿Nos quedaremos sin ninguna herramienta con la que construir salvo nuestras manos desnudas? La metáfora es rica y peligrosa. No sé responder las preguntas que se siguen a partir de ella.

Sólo en utopías

En tanto ofrece un atisbo de alguna alternativa imaginada a «la forma en que vivimos ahora», gran parte de mi obra de ficción puede calificarse de utópica, pero sigo resistiéndome a la palabra. Muchas de las sociedades que he inventado me parecen una mejora, en un sentido u otro, de la nuestra, pero para mí Utopía es un nombre demasiado grandilocuente y demasiado rígido para mis ficciones. La Utopía, y la Distopía, son lugares intelectuales. Escribo desde la pasión y la alegría. Mis narraciones no son ni avisos alarmantes ni esbozos de lo que deberíamos hacer. La mayoría de ellas, creo, son comedias sobre actitudes humanas, recordatorios de la infinita variedad de formas en las que siempre volvemos a prácticamente el mismo sitio, y celebraciones de esa infinita variedad con la invención de todavía más alternativas y posibilidades. Incluso las novelas *Los desposeídos* y *El eterno regreso a casa*, en las que trabajé más metódicamente de lo que acostumbro ciertas variantes sobre los usos del poder, que prefería a los que prevalecen en nuestro mundo, incluso esas obras, decía, tienen tanto de intento de subvertir como de exponer el ideal de un plan social realizable que acabaría con la injusticia y la desigualdad de una vez por todas.

Para mí lo importante no es ofrecer esperanza concreta alguna de mejora sino, al plantear una realidad alternativa imaginaria pero convincente, quitarme de la cabeza, y también de la del lector, la timorata y cansina manía de pensar que la forma en que vivimos ahora es la única en que la gente puede vivir. Es esa inercia la que permite que las instituciones de la injusticia perduren sin ser cuestionadas.

La fantasía y la ciencia ficción, por definición, ofrecen alternativas al mundo actual, real del lector. Los jóvenes en general acogen de buen grado este tipo de relato porque, con su vigor y su sed de experiencias, dan la bienvenida a las alternativas, las posibilidades, el cambio. Al haber acabado temiendo hasta imaginar el verdadero cambio, muchos adultos rechazan toda la literatura imaginativa, y se enorgullecen de no ver nada más allá de lo que ya saben, o creen que saben.

Pese a todo, como si se asustara de sus propios poderes, tan perturbadores, gran parte de la ciencia ficción y la fantasía son tímidas y reaccionarias en su invención social: la fantasía recurre al feudalismo y la ciencia ficción a la jerarquía militar e imperial. Ambas suelen recompensar a su héroe, sea hombre o mujer, sólo por realizar proezas extraordinariamente viriles. (Yo misma escribí así durante muchos años. En *La mano izquierda de la oscuridad*, mi héroe carece de género pero sus actos heroicos son casi exclusivamente viriles.) En la ciencia ficción especialmente, uno también suele encontrar la idea que abordé antes, la de que cualquiera de un estatus inferior, de no ser un rebelde dispuesto a todas horas a conquistar la libertad mediante acciones temerarias y violentas, o bien es despreciable o bien simplemente carece de importancia.

En un mundo moralmente simplificado, si un esclavo no es Espartaco, no es nadie. Eso es despiadado e irrealista. La mayoría de los esclavos, la mayoría de la gente oprimida, forman parte de un orden social que impide, por los propios términos de su opresión, que tengan la menor oportunidad de percibirse siquiera como capaces de cambiar.

El ejercicio de la imaginación es peligroso para aquellos que se aprovechan del estado de las cosas porque tiene la facultad de mostrar que ese estado no es permanente, no es universal, no es necesario.

Teniendo ese poder real pero limitado para cuestionar las instituciones establecidas, la literatura de imaginación asume también la responsabilidad del poder. El narrador es el que cuenta la verdad.

Es una pena que tantas narraciones que podrían ofrecer una alternativa auténtica opten por el tópico religioso o patriótico, el milagro tecnológico que funciona o las ilusiones, sin que los escritores procuren imaginar la verdad. La distopía *noir* de moda meramente invierte los tópicos y utiliza ácido en lugar de sacarina, mientras que sigue eludiendo el compromiso con el sufrimiento humano y la posibilidad genuina de cambio. La ficción imaginativa que admiro presenta alternativas al statu quo que no sólo cuestionan la ubicuidad y la necesidad de las instituciones existentes, sino que amplían el campo de las posibilidades sociales y de la comprensión moral. Esto puede hacerse en un tono tan ingenuamente esperanzado como las tres primeras series televisivas de *Star Trek*, o a través de obras de ideas y técnicas tan complejas, sofisticadas y ambiguas como las de las novelas de Philip K. Dick o Carol Emshwiller, pero el movimiento es reconociblemente el mismo: el impulso para que el cambio sea una posibilidad imaginable.

No conoceremos nuestra propia injusticia si no podemos imaginar la justicia. No seremos libres si no imaginamos la libertad. No podemos pedirle que intente conseguir la justicia y la libertad a nadie que no ha tenido la oportunidad de imaginarlas como alcanzables.

Quiero cerrar y poner punto final a estas meditaciones inconclusas con las palabras de un escritor que nunca dijo nada que no fuera la verdad, y siempre lo hizo en voz baja, Primo Levi, que sobrevivió un año en Auschwitz, y sabía lo que es la injusticia.

El ascenso de los privilegiados, no sólo en el *Lager* sino en toda la convivencia humana, es un fenómeno angustioso pero inexorable: sólo está ausente en las utopías. Es el deber de los hombres de bien hacer la guerra a todo privilegio inmerecido, pero no debemos olvidar que se trata de una guerra sin fin.

Instrucciones de uso

Escribí este texto en 2000 como una charla para un grupo de personas interesadas en la alfabetización local y la literatura.

Un poeta ha sido nombrado embajador. Un dramaturgo es elegido presidente. Los obreros de la construcción hacen cola junto a los directivos de su empresa para comprar una nueva novela. Los adultos buscan orientación moral y desafíos intelectuales en relatos sobre monos guerreros, gigantes tuertos y caballeros locos que luchan contra molinos. La alfabetización es considerada un principio, no un fin.

... Bueno, tal vez sea así en otro país, pero no en este. En Estados Unidos, la imaginación suele considerarse algo que tal vez podría ser útil cuando el televisor está estropeado. La poesía y las obras de teatro no tienen ninguna relación con la política práctica. Las novelas son para estudiantes, amas de casa y otra gente que no trabaja. La fantasía es para los niños y los pueblos primitivos. La alfabetización sirve para saber leer los manuales de instrucciones.

Creo que la imaginación es la herramienta más útil por sí sola que posee la humanidad. Más útil todavía que el pulgar oponible. Puedo imaginarme viviendo sin pulgares, pero no sin mi imaginación.

Oigo voces que coinciden conmigo. «Sí, sí —exclaman—, ¡la imaginación creativa es un tremendo valor añadido en los negocios! Concedemos valor a la creatividad, ¡la *recompensamos*!» En el mercado, la palabra *creatividad* ha acabado significando la generación de ideas aplicables a estrategias prácticas para lograr mayores beneficios. Esta reducción se ha producido en tanto la palabra *creativo* difícilmente podría envilecerse más. Yo ya no la uso, se la cedo a los capitalistas y a los académicos para que le den el mal uso que quieran. Pero no pueden apropiarse de la *imaginación*.

La imaginación no es un medio de ganar dinero. No tiene ninguna entrada en el vocabulario del beneficio. No es un arma, aunque todas las armas se originan en ella, y el uso o no uso de todas las armas depende de ella: como ocurre con todas las herramientas y sus usos. La imaginación es una forma fundamental de pensamiento, un medio esencial de convertirse en humano y perdurar como tal. Es una herramienta de la mente.

Por tanto, tenemos que aprender a utilizarla. Para empezar, los niños tienen imaginación, como tienen cuerpo, intelecto, capacidad para el lenguaje: todas cosas esenciales para su condición humana, cosas que necesitan aprender a utilizar, a utilizar bien. Tal enseñanza, formación y práctica deberían iniciarse en la más tierna infancia y prolongarse a lo largo de toda la vida. Los seres humanos jóvenes necesitan ejercitar la imaginación como necesitan ejercitar todas las habilidades básicas de la vida, físicas y mentales: para crecer, para tener salud, para desarrollar sus capacidades, para divertirse. Esa necesidad perdura mientras la mente esté viva.

Cuando se enseña a los niños a escuchar y aprender la literatura esencial de su pueblo, o, en las culturas escritas, a leer y comprenderla, su imaginación realiza una gran parte del ejercicio que necesita.

Nada lo hace mejor, ni siquiera las demás artes. Somos una especie locuaz. Las palabras son las alas para que vuelen tanto el intelecto como la imaginación. La música, la danza, las artes visuales, la artesanía de todas clases, son básicas para el desarrollo y el bienestar humanos, y no hay arte ni habilidad que no merezcan la pena aprenderse; pero, para formar la mente y que esta despegue de la realidad inmediata y luego vuelva a ella con una nueva comprensión y renovadas fuerzas, no hay nada como los poemas y las narraciones.

Mediante la narración, toda cultura se define a sí misma y enseña a sus niños cómo ser gente y adultos de su pueblo: hmong, bosquimano, hopi, quechua, francés, californiano... Somos los que llegamos al Cuarto Mundo. Somos la nación de Juana de Arco... Somos los hijos del Sol... Procedemos del mar... Somos el pueblo que vive en el centro del mundo.

Un pueblo que no vive en el centro del mundo, tal como lo definen y describen sus poetas y narradores, está en mala situación. El centro del mundo es ahí donde vives. Ahí puedes respirar. Ahí sabes cómo se hacen las cosas, cómo se hacen correctamente, cómo se hacen bien.

Un niño que no sepa dónde está el centro —dónde está el hogar, *qué* es el hogar— está en mala situación.

El hogar no es mamá y papá ni los hermanos y hermanas. El hogar no es allá donde te dejan entrar. No es un lugar en absoluto. El hogar es imaginario.

El hogar, imaginado, acaba adquiriendo existencia. Es real, más real que cualquier otro lugar, pero no puedes llegar a él a no ser que tu pueblo, tu gente, te enseñe a imaginarlo, sea quien sea tu gente. Puede que no se trate de tus parientes. Puede que no hayan hablado tu lengua. Puede que lleven muertos mil años. Puede que no sean más que palabras impresas en papel, fantasmagorías de voces, sombras de mentes. Pero pueden guiarte a casa. Son tu comunidad humana.

Todos nosotros tenemos que aprender a inventarnos nuestras vidas, a concebirlas, a imaginárnoslas. Necesitamos que nos enseñen esas habilidades; necesitamos guías que nos muestren cómo. Si no lo hacemos, nuestras vidas se las inventan otros por nosotros.

Los seres humanos siempre han formado grupos para imaginar el mejor modo de vivir y ayudarse entre ellos con el fin de poner en práctica el plan para conseguirlo. La función esencial de la comunidad humana es llegar a algún tipo de acuerdo sobre lo que necesitamos, cómo debe ser la vida, qué queremos que aprendan nuestros hijos, y luego colaborar en el aprendizaje y la enseñanza para que nosotros y ellos podamos seguir el camino que nos parece correcto.

Las pequeñas comunidades con tradiciones fuertes tienden a tener muy claro qué camino quieren seguir, y lo enseñan bien. Pero la tradición puede cristalizar la imaginación hasta el extremo de fosilizarla como dogma e impedir la entrada de nuevas ideas. Las comunidades más amplias, como las ciudades, dejan espacio para que la gente imagine alternativas, aprenda de personas de diferentes tradiciones e invente sus propias formas de vida.

Sin embargo, en la medida que proliferan esas alternativas, los que asumen la responsabilidad de enseñar encuentran escaso consenso social y moral sobre lo que deberían enseñar: qué necesitamos, cómo debe ser la vida. En nuestra época, con inmensas poblaciones expuestas continuamente a voces, imágenes y palabras reproducidas y utilizadas para provecho comercial y político, hay demasiada gente que quiere y puede inventarnos, poseernos, darnos forma y controlarnos a través de medios de comunicación seductores y poderosos. Es demasiado pedir a un niño que encuentre por sí solo un camino entre todo ese caos.

En realidad, nadie puede hacer gran cosa, y menos aún solo.

Lo que necesita un niño, lo que todos necesitamos, es encontrar a otras personas que hayan imaginado la vida como algo que tenga sentido y permita cierta libertad, y que se las escuche. No que se las oiga pasivamente, sino que se las escuche.

Escuchar es un acto de comunidad, que requiere espacio, tiempo y silencio.

Leer es una forma de escuchar.

Leer no es tan pasivo como oír o mirar. Es un acto: uno lo hace. Lees a tu ritmo, a tu propio paso, no se trata del balbuceo o griterío incesante e incoherente de los medios. Asimilas lo que puedes o quieres, no lo que te arrojan encima tan rápido, con tanta fuerza y tan ruidosamente que te ves desbordado. Al leer una narración, es posible que te cuenten algo, pero no te venden nada. Y aunque normalmente se está solo al leer, también estás en comunión con otra mente. No te están lavando el cerebro, ni te están cooptando ni utilizando; has participado en un acto de la imaginación.

No se me ocurre ninguna razón para que los medios de comunicación no puedan crear una comunidad de la imaginación semejante, como ha hecho con frecuencia el teatro en las sociedades del pasado, pero el caso es que no lo hacen. Están tan controlados por la publicidad y la necesidad de conseguir beneficios que la mejor gente que trabaja en ellos, los verdaderos artistas, si son capaces de resistirse a la presión para venderse, acaban asfixiados por la interminable carrera en busca de la novedad, por la codicia de los empresarios.

Buena parte de la literatura no se ve afectada por esa cooptación simplemente porque muchos libros los escribieron personas ya fallecidas, que, por definición, no son codiciosas.

Y muchos de los poetas y novelistas vivos, aunque sus editores se arrastren indignamente tras *best sellers*, siguen estando menos motivados por el deseo de beneficios económicos que por la voluntad de hacer lo que seguramente harían por nada si pudieran permitírselo, a saber, practicar su arte, hacer algo bien, algo correcto. En comparación, y asombrosamente, los libros siguen siendo decentes y dignos de confianza.

Por descontado, no tiene por qué tratarse de «libros», pueden no ser trazos de tinta sobre pulpa de madera, sino un centelleo de luz electrónica en la palma de una mano. Pese a lo incoherente, comercializada y carcomida por el porno, la publicidad y el cotilleo, la publicación electrónica ofrece a quienes leen un poderoso nuevo medio de comunidad activa. No es la tecnología lo que importa. Son las palabras lo que cuenta. El compartir las palabras. El activar la imaginación mediante la lectura de palabras.

La razón por la que la alfabetización es importante radica en que la literatura *es* el manual de instrucciones de uso. El mejor manual del que disponemos. La guía más útil para el país que estamos visitando, la vida.